广西普通本科高校示范性现代产业学院先i
（项目编号：2023QXDCY001）
玉林师范学院 2024 年高等教育本科教学改革工程项目经费资助（项目编号：
2024xjjg16）

U0693281

高校创新创业教育发展研究

刘里琳　著

九州出版社
JIUZHOUPRESS

图书在版编目（ＣＩＰ）数据

高校创新创业教育发展研究 / 刘里琳著 . -- 北京 ：
九州出版社，2024. 6. -- ISBN 978-7-5225-3128-1

Ⅰ. G640

中国国家版本馆 CIP 数据核字第 2024NX3868 号

高校创新创业教育发展研究

作　者	刘里琳　著	
责任编辑	安　安	
出版发行	九州出版社	
地　址	北京市西城区阜外大街甲 35 号（100037）	
发行电话	（010）68992190/3/5/6	
网　址	www.jiuzhoupress.com	
印　刷	北京佳益兴彩印有限公司	
开　本	787 毫米 ×1092 毫米　16 开	
印　张	11.5	
字　数	191 千字	
版　次	2024 年 6 月第 1 版	
印　次	2024 年 6 月第 1 次印刷	
书　号	ISBN 978-7-5225-3128-1	
定　价	58.00 元	

前　言

在全球化和知识经济时代背景下，创新已经成为推动社会进步和经济发展的关键动力。随着技术革命和产业变革的加速，社会对高素质创新创业人才的需求日益迫切。高等教育作为培养未来人才的摇篮，承担着重要的社会责任和历史使命。因此，高校创新创业教育的发展不仅关乎学生个人的未来，更关乎国家的创新能力和国际竞争力。我国的创新创业教育作为国家创新驱动发展战略和高等教育改革的重要推手也得到了越来越多的重视，其中广西创新创业教育具有一定的代表性。

本书以广西高校为例，立足于本科高校创新创业教育发展，通过文献分析、问卷调查和结构化访谈，从师资配置、理论教学、实践活动、服务平台、激励政策5个方面构建高校创新创业教育发展的变量，定量分析本科高校创新创业教育发展的现状，探索本科高校创新创业教育发展的策略，评价高校发展创新创业教育策略的适宜性和可行性，从而提高创新创业教育质量，为高校创新创业教育的发展提供有力支撑和借鉴。

本书是自治区级示范性现代产业学院先进材料制造产业学院在广西教育科学"十四五"规划2022年度高校创新创业教育专项课题（项目编号：2022ZJY2955）、玉林师范学院2024年高等教育本科教学改革工程项目上的研究成果。从最初的选题到成书，感谢玉林师范学院化学与食品科学学院的领导及老师，感谢在调研过程中给予支持与指导的广西诸多高校领导、专家和老师。

由于著者能力和水平有限，拙作中有些材料未及时更新，有些问题尚待深入分析，书中难免存在不足之处，敬请读者批评指正。愿本书能够激发更多研究者和实践者的思考与探索，共同推动高校创新创业教育迈向更加成熟和辉煌的未来。

目　录

第一章 绪 论

第一节 研究背景

创新创业教育，其核心理念与模式与当今社会经济发展对人才的多元化需求高度吻合，因此，它已逐渐融入并成为各国高等教育体系中不可或缺的一部分，同时也为高校的人才培养注入了新的思维与模式。

1947 年，美国哈佛大学开设创业教育课程，标志着创新创业教育在实践领域的出现。美国的创新创业教育已经纳入国家教育体系，2004 年美国发布了《创业教育国家标准》。

在 1989 年的"面向 21 世纪教育国际研讨会"上，联合国教科文组织提出了一个观点，即创业教育应当被视为面向未来学习的"第三本护照"，这突显其在现代教育体系中的重要地位。许多国家的大学都开展了广泛的创业教育工作。英国在 1987 年发起了"高等教育创业"计划，从国家层面为大学生创新创业教育的发展和实施给出了指导性意见。1999 年，英国又成立了由政府主导的科学创业中心（UK-SEC），专门管理和实施创业教育，以此推动创新创业教育的快速发展。德国政府明确提出：高等学校要成为创业者的熔炉。在澳大利亚，大学创新创业教育已经进行了 40 多年。

在中国，创新创业教育在推动国家创新驱动发展战略及高等教育革新的进程中，逐渐占据了举足轻重的地位。为深化这一教育理念，教育部于 2010 年发布了《关于大力推进高等学校创新创业教育和大学生自主创业工作的指导意见》。此举不仅顺应了知识经济时代对高等教育的全新要求，更是我国经济在转型与升级过程中的一项关键性策略。我国高等学校 20 多年的创新创业教育，取得了巨大的成功，在受教育人数、覆盖面、教育形式、政策支持力度等方面已处于国际领先地位。

广西壮族自治区教育厅在《广西高等教育振兴发展"十四五"规划》中强调要深化创新创业教育改革。支持以高校为主体，以服务地方产业振兴为导向，政府、企业与社会组织共同参与的多元创新创业教育体系，培养大批创新创业型人才。

总的来说，中国已有的相关研究大多集中于创新创业教育的内涵、原则、趋势等理论探讨层面，缺乏对整个实施过程全方位、多维度的系统性研究，对创新创业教育发展的实证类论文比较少。基于此，本研究立足于广西本科高校创新创业业教育发展的现有问题，梳理相关文献，研究分析广西本科高校创新创业教育发展的现状，探索广西本科高校创新创业教育发展的策略，从而提高创新创业教育质量，为广西本科高校创新创业教育的发展提供有力支撑和借鉴。

第二节　研究样本和概念界定

一、研究样本

本研究主体是广西 38 所本科院校从事创新创业教育的教师 365 人。

研究样本组有 191 名从事高校创新创业教育和研究的教师。采用分层抽样和随机抽样的方式对广西 10 所本科院校开展创业教育的情况进行抽样。

根据 Krejcie & Morgan 抽样表，选取广西东、南、西、北、中地区的 10 所高校作为样本学校。

本研究的受访者是广西高校的 10 名中层管理人员。受访者资格如下：①至少 6 年高校中层管理人员工作经验；②具有丰富的创新创业教育经验；③硕士及以上学历。

二、概念界定和变量

（一）创新创业教育的概念界定

创新创业教育是指高等院校根据教育目标，结合专业教育针对全校学生而实施的一种创新创业素质教育活动，以理论与实践相结合的教育形式，教授创新创业基础知识，提升创新创业素质，促进学生就业或自主创业的能力，包括师资配置、理论教学、实践活动、服务平台、激励政策。

（二）广西高校创新创业教育发展的变量

1. 理论教学

理论教学是指在课堂上传授理论知识，分为课程体系和课堂教学2个部分，包括课程目标、课程结构、特色课程、在线课程、教材、案例库、课程活动、课程考核、课堂教学。

2. 师资配置

师资配置指的是本科高校在整个创新创业教育过程中所投入的师资力量，通过合理、优化的资源分配可以有效的保障本科高校创新创业教育质量，包括师资数量、师资质量、师资选拔、建设导师库、师资培训、师资考核、师资管理。

3. 实践活动

实践活动是指通过实践活动，获得感性知识，掌握实践技能，培养实践能力和分析问题、解决问题的能力，包括社会实践、竞赛、项目、活动、社团、开放资源、与企业交流实践、模拟实训等。

4. 服务平台

服务平台是指高校为提高创新创业教育水平开展的平台，分为信息平台和实践平台，包含校内平台、校企合作平台、咨询服务、技术支持、经费支持、场地支持、管理机制。

5. 激励政策

激励政策是指学校为创新创业教育提供的政策支持、社会资源等，包括工作机制、激励机制、宣传典型、弹性学制、设立奖学金、专项资金、专项课题、成果转化等。

第三节 研究框架和研究方法

一、研究框架

根据教育部的文件，研究人员将高校创新创业教育发展分为师资配置、理论教学、实践活动、服务平台、激励政策 5 个变量，如图 1-1 所示。

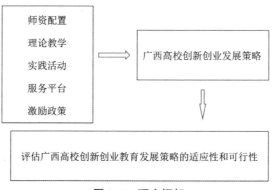

图1-1 研究框架

二、研究方法

本研究的重点是发展广西高校创新创业教育。为研究广西高校创新创业教育发展现状，制定和评估广西高校创新创业教育发展指导意见，研究人员采取以下程序：总体／样本组→研究工具→数据收集→数据分析。

（一）第一阶段

本阶段的目标是研究广西高校创新创业教育发展水平。

1. 总体／样本组

（1）总体。广西 38 所本科院校从事创新创业教育的教师 365 人。

（2）样本组。根据 Krejcie & Morgan（1970）抽样表，本研究的样本组为广西 10 所本科院校从事创新创业教育的 191 名教师。采用分层抽样和随机抽样的方式对广西高校进行抽样，见表 1-1 所列。

表 1-1　大学和样本量列表

序号	地区	学校名称	总体	样本组
1	东部	贺州学院	30	16
2		梧州学院	31	16
3	南部	北部湾大学	38	20
4		玉林师范学院	33	17
5	西部	百色学院	31	16
6		河池学院	30	16
7	北部	广西师范大学	51	27
8		桂林电子科技大学	36	19
9	中部	广西大学	54	28
10		南宁师范大学	31	16
		总计	365	191

根据表 1-1，选取广西东部、南部、西部、北部、中部地区的 10 所大学作为样本学校。这 10 所大学创新创业教育特色突出，如荣获全国深化创新创业教育改革示范高校的广西大学、广西师范大学；具有地方特色的玉林师范学院、贺州学院。

2. 研究工具

（1）问卷调查。

目标 1：研究广西高校创新创业教育发展现状。收集数据的工具是问卷，调查问卷分为两部分。

第一部分为受访者的一般信息，包括职务、性别、年龄、教育背景和工作经历等。

第二部分：广西高校创新创业教育发展现状调查。基于李克特五点量表的数据解释标准如下：4.51—5.00 指的是最高级别；3.51—4.50 为高水平；2.51—3.50 为中等水平；1.51—2.50 指低位；1.00—1.50 指最低级别。

（2）构建问卷流程。问卷构建过程如下。

步骤 1：回顾和分析与创新创业教育相关的文献、概念、理论和研究。

步骤 2：构建广西高校创新创业教育发展现状调查问卷。然后将问卷大纲发送给论文导师，根据建议进行审核和修改内容。

步骤 3：由 5 位专家对问卷的客观一致性指数（IOC）进行审查。

步骤 4：根据专家的建议修改调查问卷。

步骤 5：将问卷发放给广西高校 30 名从事创新创业教育的教师进行试用。问卷的信度通过 Conbach's Alpha 系数得到。

步骤 6：对广西高校 191 名从事创新创业教育的教师进行问卷调查。

3. 数据采集

目标 1 的数据收集是研究广西高校创新创业教育发展现状。

步骤 1：研究人员要求收集广西 10 所大学的 191 名教师的数据。

步骤 2：研究者向 191 名教师发放调查问卷。

4. 数据分析

本研究中的数据分析，研究者通过打包程序对数据进行分析。

步骤 1：按频率和百分比对受访者的个人信息进行分析，按性别和教育背景进行分类。

步骤 2：通过平均值和标准差，对广西高校创新创业教育发展现状从以下 5 个方面进行分析：师资配置、理论教学、实践活动、服务平台和激励政策。

（二）第二阶段

本阶段的目标是制定广西高校创新创业教育发展策略。

1. 人口 / 样本组

（1）人口。本阶段研究对象为来自广西 10 所高校的 20 名创新创业教育中层管理人员。

（2）样本组。本次研究的受访者是广西高校的 10 名高层管理人员。受访者资格如下：①6 年以上高校中层管理人员工作经验；②具有丰富的创新创业教育经验；③硕士及以上学历。

2. 研究工具

（1）结构化访谈。该工具收集的数据，制定广西高校创新创业教育发展策略。结构化访谈根据广西高校创新创业教育发展现状，从以下 5 个方面进行设计：师资配置、理论教学、实践活动、服务平台和激励政策。

结构化访谈分为两部分。

第一部分：受访者个人信息，按受访者、采访者、教育背景、工作经历、采访时间、采访日期分类。

第二部分：从师资配置、理论教学、实践活动、服务平台、激励政策5个方面对广西高校创新创业教育发展现状提出建议问题。

（2）构建结构化访谈流程。

步骤1：根据问卷数据分析结果制定访谈提纲。

步骤2：建立结构化访谈参与者的资格标准。符合资格标准的专家是从广西10所不同的大学中挑选出来的，并在自愿的基础上进行了结构化访谈。对问卷调查结果进行补充和细化。

步骤3：按照结构化访谈流程进行访谈，准确记录访谈记录。

3.数据采集

目标2：数据收集为广西高校创新创业教育发展提供指导。

步骤1：访谈部分由研究人员进行，在访谈过程中实时记录并收集10位受访者的数据。

步骤2：对访谈数据进行分类、组织和分析。

4.数据分析

采用内容分析法对广西高校创新创业教育发展结构化访谈进行分析。

（三）第三阶段

本阶段的目标是评估广西高校创新创业教育发展策略。

1.人口/样本组

（1）人口。本期调查对象为来自广西38所高校的38名高级管理人员。

（2）样本组。开展高校创新创业教育指导意见适用性和可行性评估的专家是广西的11名高级管理人员。专家资格如下：①至少10年高校高级管理人员工作经验；②具有丰富的创新创业教育经验；③博士学位毕业；④具备副教授以上职称。

2.研究工具

（1）评估表。该工具收集的数据，评估广西高校发展创新创业教育策略的适用性和可行性。评价表根据广西高校创新创业教育发展指导意见，从以下 5 个方面设计：师资配置、理论教学、实践活动、服务平台、激励政策。

评估表分为两部分。

第一部分：受访者个人信息，按工作职位、工作经历、教育背景、职称分类。

第二部分：广西高校创新创业教育发展指导意见评价表。基于李克特五点量表的数据解释标准如下：4.50—5.00 指最高级别策略的适用性和可行性；3.50—4.49 指策略的适用性和可行性较高；2.50—3.49 指策略的适用性和可行性为中等水平；1.50—2.49 指策略的适用性和可行性处于较低水平；1.00—1.49 指最低级别策略的适用性和可行性。

（2）构建评估表流程。评价表的构建过程如下：

第一步：构建广西高校创新创业教育发展策略评价表。

第二步：将评价表应用于广西 11 名高校高级管理人员。

3. 数据采集

目标 3：广西高校创新创业教育发展指导意见的数据收集。

步骤 1：研究人员邀请专家对策略进行评估。

步骤 2：研究者将评估表分发给高层管理人员。

4. 数据分析

在本研究的数据分析中，研究者通过 SPSS 对数据进行分析，具体如下：通过平均值和标准差对广西高校创新创业教育发展策略的适用性和可行性进行评价。

第二章　文献综述

第一节　教育管理

一、教育管理的定义

教育管理的内涵不断发展变化。陈孝彬、高洪源（2008）提出，教育管理是在一个国家或者地区的政治、经济与文化环境的制约下，在教育管理部门领导的价值观的支配下，采用科学的方法，对所管辖的各级各类教育组织进行预测与规划、组织与指导、监督与协调、激励与控制，使有限的教育资源得到开发，以实现提高教育质量、增进办学效益、稳定教学秩序、改善办学条件、促进教育事业发展的目的。

杨天平（2005）提出，广义的教育管理是指包括教育行政管理和学校教育管理在内的对所有教育活动的管理。狭义的教育管理则专指教育行政管理，即国家、政府教育部门对教育事业的介入、干预、控制、协调、指导等职能活动。这个活动过程包括了制订计划、组织实施、监测评估、反思改进等基本环节。

孙锦涛（2006）认为教育管理是教育管理者运用一定的理论和方法，在特定的条件下，合理配置教育资源，引导、组织教育人员完成教育任务，实现教育目标的一种组织活动，这种组织活动包括教育管理体制、教育管理机制、教育管理观念等，一般可分为宏观的教育管理——教育行政，和微观的教育管理——学校管理两个方面。

罗双凤、叶安珊（2010）认为，教育管理为教育行政部门和学校为了实现教育目的和培养目标，充分调度各种资源，对教育系统所进行的计划、组织、协调、控制等系统化的活动。

邓欢（2014）认为，教育管理是指管理者在一定的教育思想、教育方针和教育管理的理念的指导下，为实现学校的教育目标，对教育环境中的人力、物力、财力等资源进行合理配置，并规划、组织、协调、督导和评估学校各项教育活动，从而实现整个教育活动协调运转。

杨景元、董奎、李文兰（2019）认为，教育的组织体系和管理制度统称为教育管理体制。在该体制下，学校担负着教育活动的组织与管理工作。不同的教育组织基于一定的关系可以构成一套完整的组织结构。为了协调各个组织的活动，就必须通过管理，而管理必须以制度来规范和保证。

张春艳（2019）研究高等教育管理的本质属性。在不同社会制度的国家里，解决这种矛盾的方法往往是不同的，认识两类属性矛盾的存在和有效地解决这两类矛盾，必将推动高等教育事业的发展和目标的实现。同时，对高等教育系统的封闭性与开放性而言，这是一种客观存在的事实，要注意的是封闭性和开放性是相对的，只有系统与环境进行有效、快速、准确的物质、能量和信息的交换，才能使系统实现整体功能目标和最大"结合力"的目标。

徐丽丽（2020）认为，教育管理作为一种教育现象由来已久，它是伴随着教育活动的发展而产生和发展的，是涉及教育工作日常运转的实践活动。一般认为，人们在教育领域所从事的管理活动就构成了教育管理活动。教育管理学界对"教育管理"概念的界定有多种，主要源于对教育管理的研究是从教育自身的规律去透视，还是按照社会管理的原理去研究，或者说是从两者"有机结合""相互渗透"的视角去观察分析，这实际上反映了教育管理的共同性、普遍性和特殊性、差异性的关系。

胡厚立（2020）认为，教育管理现代化意味着教育管理由传统型向现代型转变，是由量变向质变的转变过程。这个过程是逐步发展的过程，同时也是不同主体共同参与管理的体现。现代化的教育管理体系要求多元教育管理主体相互依存、相互合作、共同参与，力求在教育管理现代化进程中发挥政府、社会、学校"三位一体"的教育管理结构的合力作用。发挥各主体间的合力作用有利于教育管理功能最大化以及教育管理资源利用最优化。

李明辉（2022）认为，教育管理制度是一个国家在一定的政治、经济和文化制度基础上建立起来的，对教育事业进行组织管理的各项制度的总和。教育管理制度是整个教育体制得以构成和运行的保障，它对学校教育管理制度改革和发展的方向、速度、规模有直接的影响。它涉及教育系统的机构设置、职责范围、隶属关系、权力划分和运行机制等方面，外延包括以教育领导体制、办学体制和投资体制为核心的一系列教育制度。

综上所述，教育管理就是在特定的社会环境下，遵循教育的客观规律，对各种教育资源进行合理配置，以实现教育方针和教育目标的行为。

二、高等教育管理

李阳（2018）从我国高等教育管理机制变迁过程入手进行分析，其特点是激励机制缺失、结构性矛盾突出、质量薄弱。

杨尊伟（2018）认为，我国高等教育管理体制改革有望转变政府管理职能，构建政府、学校和社会的新型关系；加快教育法治建设，落实高等学校办学自主权；加强中介组织培育，建立高等教育治理体系。

李立国（2018）认为，科层制是高等教育组织和管理中重要的制度设计和管理运行规则。管理，一方面促进高等教育管理的规范化、制度化、规范化；另一方面，它确实与高等教育组织的本质属性相冲突，特别是科层制可能导致科层化、行政化。另一方面，这确实与高等教育组织的性质存在冲突。

孙勉涛、李莎（2019）在教育体制改革政策制定过程中，对教育体制改革政策进行较为系统的理论设计，提出各级各类教育体制改革的对策思路和措施。在实现逻辑上，体现了理论来源于实践、理论指导实践、多元教育体系共生共发展的逻辑。

周川（2019）认为，实现高等教育治理体系和治理能力现代化是我国高等教育管理体制改革的新愿景，应在以高等教育管理体制为基础的高等教育管理体制改革上取得实质性突破。

范国瑞（2020）认为，多元治理视角下，可以通过加强立法建设、增强制度供给、构建认证标准、规范准入程序和评价机制，拓宽社会组织参与监督评估的路径。同时，加强社会组织的专业资质和专业能力，建立健全社会组织参与监督评估的治理机制，实现社会组织与监督评估的有效对接。

薛宜、李杰（2020）建议建立健全应急教育管理体系和运行机制；教育供给调整刻不容缓，改革以学习为中心的教育供给结构，改革应急人才培养体系。

张杰（2022）从树立终身教育理念、引入学分银行制度、发挥"互联网+"优势、健全高校终身教育体系监督机制四个方面研究高校教育管理体制改革。

周川（2022）认为，高等教育管理制度是指高等教育管理机关设立、管理规则制定、管理人员配备、管理过程运行及其关系的总和。高等教育的管理机关、规则制定、人员配备和过程运行都是一般意义上的管理在高等教育领域的具体展开。高等教育管理模式高等教育管理的核心是处理和平衡中央政府、地方政府和高等学校之间的职责、权力和利益关系。世界上每个国家都形成了自己的各具特点的高等教育管理制度。

总的来说，高等教育管理是指对高等教育资源（人、财、物、时间、空间、信息等）进行合理配置，使之有效运转，以期实现组织目标的协调活动过程。

三、系统理论

在 20 世纪 40 年代，生物学家贝塔朗菲（L.Von.Bertalanffy）提出了一般系统论的概念，这一理论的诞生标志着系统论在现代科学中的正式确立。贝塔朗菲深受亚里士多德"整体论"思想的启发，并在此基础上对系统原理进行了跨学科的广泛探索，涵盖了多个领域和角度。他通过横向的对比与联系，提炼出了系统科学的核心原理。他主张，应当将任何事物视为一个完整的系统，这个系统是由其内部的各种要素所组成的，这些要素并非孤立无援的个体，而是通过简单叠加或组合所能形成的，它们之间存在着紧密的相互联结和依存关系，形成了一种有机的互动机制，使得整个系统拥有了单个要素所不具备的独特功能。

拉兹洛（Laszlo）（1985）对于系统论内涵的界定也有类似之处，他认为系统应是所属部分组合而成的集合体，而不是处于孤立因果关系中的单一个体所形成的聚合。

查有梁（1986）认为系统中的各个部分处在相互联系作用中，与外界环境产生关系进而构成了整体，系统是宇宙中的所有客观事物的存在和发展的根本形式；

系统论就是研究系统的存在所遵循的规律、原理和模式的科学。

林福永和吴健中（1997）运用数学构建了一般系统结构模型，对系统内部要素的结构、状态以及系统外部环境进行数学公式演算，将一般系统论的理论内容表述地更加精确且可有效应用到解决生活实际问题中。

张化东（2006）主张把事物看作一个整体进行系统把握和研究，把握要素、结构、功能的相互关系，通过信息传递反馈现实整体的联系进而控制系统的发展，以此达到优化整体的效果。

陆云泉（2018）坚持用系统论的视角去认识和把握事物。避免片面孤立的看待事物，将事物看成是由微观要素、中观结构、宏观环境构成的整体，通过系统中各个要素和部分的相互作用研究事物的发展规律，使人们对事物之间的复杂的联系有了整体的认识，不仅关注要素和行为表现，也开始关注事物和系统内部的结构关系，以综合整体的视角研究事物。

综上所述，系统是一个功能明确、结构有序、层次分明的综合整体。因此，在处理问题时，必须首要关注系统的整体性，即评估整体的运行状况和目标达成情况。需要以全局的视角审视系统中各要素的构成、功能、定位、彼此关系及潜在矛盾，并通过优化资源配置来确保系统内部的有机协调与高效运作。此外，在系统整体关系的把握之上，系统理论进一步强调了对系统内部微观结构的深入剖析。这包括对各子系统及其内部要素的详细研究，分析它们的特性、秩序及其对整体效果的具体影响。通过精心设计的外部协调策略，可以促进各子系统间的最佳互动与动态平衡，从而确保整个系统能够充分展现其各项功能，并最终实现预定的整体目标。

四、教育生态系统理论

生态系统这一概念最初由英国植物群落学家坦斯利（A.G.Tansley）于1935年提出，它描述了一个由非生物与生物要素共同构成的复杂系统，这些要素间的相互作用确保了物质、能量和信息在生态系统中流畅循环，从而维持着系统的动态平衡。

1979年，美国著名人类学家和生态心理学家布朗芬布伦纳（U.Bronfenbrenner）

提出了生态系统理论。他特别强调环境对个体发展的深远影响，特别是自然环境在塑造个体行为和心理发展方面的重要性，这一点在过去常被实验研究者所忽视。布朗芬布伦纳认为，个体成长于一个多层次、相互关联、相互作用的生态系统中。这个系统被划分为四个层级，从微系统到中间系统，再到外层系统，直至宏系统，这些层级的划分依据是与个体互动的频率和密切程度。

至于教育生态理论，这一创新理念由美国教育家克雷明（Lawrence Archur Cremin）首次提出。他运用跨学科的研究方法，将教育模式的探究与生态系统的理解相结合，从而创造性地提出了"教育生态学"的概念。随后，英国学者阿什比（Eric Ashby）对这一理论进行了更为深入的阐释和解释，使其在教育领域得到了更为清晰和明确的理解。

吴鼎福（1988）提出教育生态系统有三个主要的功能群，即指导保障群、传导开发群、继承发展群。

范国睿（2000）以文化、人口、资源、学校、环境等为具体系统，并从这些方面考察环境对教育、学校和人类发展的影响。

张庆辉（2010）运用生态学方法对大学战略管理进行了全方位的透视与设计。

贺祖斌（2005）首次提出了高等教育的生态传承负荷能力问题，以及高等教育生态承载能力具有客观性、可变性和多层次的特点，包括高等教育生态系统的自我维持和能量调节、子系统教育资源和环境承载能力。

郭玉清（2016）通过软件进行态势与关键词分析，归纳了高等教育生态体系研究发展阶段与脉络，并对我国教育生态系统开放发展带来的机遇与挑战进行了研究。

综上所述，教育生态系统呈现出一种有机且不断发展的复合形态，其构成涵盖了生态子系统、内部系统以及外部系统等多个层面。在维系这一系统平衡的过程中，生态因子发挥着不可或缺的作用，它们是确保生态系统稳定运行的关键要素。具体而言，个人、教育制度以及教育环境等因素均可被视为教育生态系统中的生态因子。

五、创新创新创业教育生态系统

邓恩（Dunn.K）（2005）基于MIT（麻省理工学院）的创业教育提出创业生态系统的概念，将生态系统概念引入创业研究。

赖特（Wright.M）等（2006）初步界定了创新创业教育生态系统，指出该系统是由利益相关者（政府、高校、企业、研究人员、学生等）与相关要素合力协同促进了知识转移与商业化。

张昊民、张艳（2012）在文中分析了创新创业教育生态系统的组成要素，例如高校的角色、教师培养、课程设计和社会支持等，文章针对MIT的创新创业教育系统进行了详细论述，得出的结论是一定要注重创新创业教育的系统性，同时还解释了MIT系统化的各种因素。

张俊艳（2012）指出创新创业教育生态系统应该包含学校的微观环境和社会的宏观环境，根据国家政策，学校、社会和企业之间需要进行深度交流，只有三者持续地交流沟通，达到一种默契的程度，才可以发挥最大的培养目的。

亚瑟（Arthurs.J）（2014）认为创新创业教育生态系统以大学为基础，包括个人、组织以及外部的创业文化、资源等多个要素，其核心是创业活动和创业课程。

陈少雄（2014）基于广东省高校的调查分析提出应不断完善生态系统内部功能，优化系统外部生态环境，构建高校创新创业教育生态系统。

郑涵（2016）提出创新创业教育生态系统构成了高校教育生态系统的一个重要组成部分，包括学校微环境以及社会宏观环境，其作用为对创业教育进行制约和调控。构建良好的高校创业生态，必须坚持市场导向，在国家宏观政策的指引下加强学校、企业、社会之间的密切合作，对创业教育的实施过程不断进行升级优化，最终实现大学生的创业意识培养。

陈静等（2017）将创新生态系统分为宏观、中观和微观三个层面。

黄兆信等（2017）认为创新创业教育生态系统的建构逻辑就是实现"创业性"与"教育性"的融合，且须体现开放互联与内生成长两个关键特征。创业教育生态系统必须遵循自发演进的路径，不断调整自身的边界、功能与结构，构造闭环演进的高校创新创业教育生态系统，以实现知识生产——知识扩散——价值创造的完整价值链。

林红珍等（2018）从社会角度出发认为创新创业教育生态系统中环境应为整个社会的大环境，包括政治环境、舆论环境、经济环境、文化环境、科技环境等，构建以培养创业型人才需要高校、政府和社会"三位一体"的创业教育生态系统。其中高校是生产者；学校联合企业或者政府构建的实践平台是分解者；社会经济组织和企业是消费者。

董晓光等（2018）从高校角度出发认为学校是生产者，分解者为创业教育组织机构，消费者为创业教育学生及新创企业，催化剂为创业教育实践平台。

徐小洲、倪好（2018）提出面向2050，我国高等创业教育应着力构建横向协作体系与纵向学校体系，高等创业教育战略规划要谋划整体与长远发展，创新发展观念，打破体制机制障碍，打造与区域协同发展的创业生态链，形成竞争与共享并存的全球创业教育共同体。

杨晓慧（2018）从国际视野的角度，分析了高校创新创业教育生态系统建设的专业学院驱动模式、专门机构驱动模式、全校系统驱动模式三种驱动模式，指出我国创业教育中存在的主要问题，提出要基于中国国情，做出中国选择，围绕要素发展、系统运行与组织创新，做出内合外联的战略选择，构建有中国特色的高校创新创业教育生态系统，为解决高校创新创业教育生态系统建设的相关问题提供中国方案。

乔臣等（2018）认为高校创新创业教育生态系统是把创客、创意、项目、导师、孵化、资金、政策等各类教学手段和创业资源进行有机融合与有序规划的体系，其构成要素包括理念、方法、平台和环境四个方面。

蓝朝阳（2020）创新创业生态体系构建与专业知识教育和思想政治教育相辅相成、机制上相互贯通、管理体系上相互耦合。

许涛（2017）通过描述麻省理工创新创业教育的发展历程、经验和成就，从创新创业教育学位和课程、创新创业教育组织和管理、学生创新创业俱乐部、竞赛和奖项以及创新创业法律服务等6个方面，建构并论述了麻省理工创新创新创业教育生态系统模型及其构成要素。

郑少芳（2020）从提升创新创业平台的资源整合能力、构建开放协同与多元融合的创新创业服务网络以及完善创新创业教育的支持机制等方面，提出高校创新创业生态系统的构建策略。

黄保霖（2021）认为作为地方高校，在创新创新创业教育生态系统建设方面更应该发挥自身的优势力量，拓展与周边企事业单位合作，推动大学生创新创业比赛培训，推进师资力量的建设，才能培育出创新型和创业型的复合型人才。

刘珍（2021）创新创业教育生态系统就是高校创新创业教育系统内部，不同构成元素以及不同元素之间的相互作用，从而达到整个系统稳定运行，创新创业教育系统和高校、政府和企业之间相互连接，形成良性的循环系统，共同形成支撑创新创业教育发展的连接机制。

马永霞（2022）以50所在本科阶段开设创新创业教育课程的高校为案例样本，运用模糊集定性比较分析方法，探讨环境与组织两个层面6个维度的前因变量不同组合影响高校创新创业教育质量的内在机制。

综上所述，创新创业教育生态系统的研究是基于生态学视角对高校创新创业教育进行深度剖析。这一系统由多个关键要素共同构建，不仅具备特定的功能，还能产生显著的整体协同效应。在这个复杂的体系中，各个要素与所处的环境紧密交织，彼此间通过能量、物质和信息的流动与交换，形成了一个有机统一的整体。

第二节 创新创业教育

一、创业教育的定义

1947 年，美国哈佛大学开设创业教育课程，标志着创新创业教育在实践领域出现。之后百森商学院、斯坦福大学商学院等相继开设了符合本校特色的创业教育课程。

瓦特（Watts）（1984）将创业教育分为了两类：一类是创业实践教育；一类是创业意识的培养。随后，Garavan et al.（1994），Feit（2000），Laukkanen（2000）等均就创业教育的分类进行了各自的研究，并得出了类似的结论。

1991 年在日本东京举行的创业创新教育国际会议上，从广义上把"创业创新教育"界定为：培养最具有开创性个性的人，包括首创精神、冒险精神、创业能力、独立工作能力以及技术、社交和管理技能的培养。

欧盟委员会（2003）认为，创业教育是提升学生的创业知识、技能、态度以及个人素质的教育与学习活动。

傅家骥（2003）认为，创业教育就是要培养具有开创性的人。创业教育包括"任何有关创业态度和技能的教育或教育过程"。

美国创业教育联盟（CEE）认为创业教育应包括认知能力、创新意识、文化、创业实践、创业发展 5 个阶段。

Fuente（2012）研究认为，创造、创新与创业是不可分割的整体，是通过想象、假设、沉思等过程，以一种新的、非常规的方式创造一个概念或模式，不仅是行动，更是探究与反思。

克鲁兹（Cruz）（2013）研究了创业教育项目对创新行为的影响，认为接受管理教育与创业教育学生更具有超出常人的创新能力，同时接受过专业的创新教育与创业教育的人在工作中更容易取得成功。

百森商学院创始人蒂蒙斯（Jeffry A. Timmons）（2014）认为创业教育不仅专注于培养学生的创业意识，更是深化创业精神的熏陶。通过创业教育，学生不再局限于传统的就业观念，而是被激发出更多的创新和创业潜力，以适应日益复杂多变的社会环境。

维拉萨纳（Villasana）等人（2014）认为，大学的创业教育处于独特的地位，不仅影响和塑造学生对于创业的态度，而且还培养学生的创业视角，让学生能够在创业过程中扮演多重角色。

美国学者杰克（Jack）和科林（Colin）（2014）认为创业教育的过程是学生提升综合素质的过程，通过激发创新意识、辨别创业契机、提高就业本领。

奥布莱恩等人（O'Brien, E., M. Cooney, T. and Blenker, P）.（2019）认为创业教育已经从专注于选拔优秀精英转变为与每个人都相关，提出应当扩展大学创业生态系统去帮助缺乏创业的少数民族和弱势社区。

古斯塔夫·哈格（Gustav Hägg）（2020）通过调研牙买加职业教育者、促进者和小企业主对创业教育的看法和期望，提出可在中学课程中加入创业教育，并建立国家和地方创业教育咨询委员会。

Giang Hoang et al.（2020），发现创业教育对创业意向的积极影响是通过学习取向和自我效能感来调节的。

综上所述，创业教育旨在塑造具备卓越创新特质的人才，这些特质包括但不限于勇于探索的首创精神、敢于挑战的冒险精神、坚实的创业实力、独立自主的工作能力，以及全面的技术运用、社交互动和高效管理等多项技能。

二、创新创业教育的定义

1998 年以清华大学为主办单位举办的"清华创业计划大赛"标志着中国创新创业教育的开始。高校创新创业教育第一次在国家文件中正式被提出，是在 2010 年教育部颁布的《关于大力推进高等学校创新创业教育和大学生自主创业工作的意见》文件中，包括激励政策、师资配置、理论教学、实践活动、服务平台等，这一概念是创新教育和创业教育的融合并对创新创业教育的发展作出了具体的指示。

中国在创新创业教育的初始阶段，常常把创新创业教育视同创业教育。之后，诸多学者开始把创新创业教育视为独立的概念。随着研究的深入，研究者们逐渐认同创新创业教育是培养学生创新创业意识、思维、精神和能力的一种新教育理念，强调创新教育、创业教育和创新人才培养的有机融合。

高晓杰等人（2007）对创新创业教育的目标提出了自己的见解，认为创新创业人才要具有创新创业意识、思维、技能和特性的4种素质。

曹胜利和雷家骕（2009）从广义和狭义两个方面对创新创业教育进行了内涵阐释。他们认为，从广义上讲，创新创业教育是一种创造伟大新事业的教育活动。从狭义的角度来讲，创新创业教育是创造新岗位的教育教学实践活动。

2010年5月，中国教育部将高校创新创业教育明确界定为：结合专业教育和职业教育，传授创业知识，培养创业意识，面向全体大学生开展的全过程的创新与创业教育。

杨幽红（2011）提出，创新创业教育内容包括创新思维、创业意识与创业知识的训练、培养与传授。受教育者在接受创新创业教育后能够提升创新创业素养、创新创业能力与创业心理品质的过程。

张昊民和马君（2012）指出高校创新创业教育就是政府主导下的高校通过整合各方面的资源，向学生传授创业知识和创业技能，培养其创新创业意识和就业创业需要的组织、管理能力。

张冰和白华（2014）认为，"培养学生的创新精神、创业意识与提升学生的创业能力"是创新创业教育的目标。因此，创新创业教育要注重实践，注重学生创造力的激发。

曹扬（2014）同样给出"创新创业教育"的定义，他认为，创新创业教育是全新的教育理念，是一种以培养学生创新精神与创业意识为目标的教育模式。

相雷（2014）指出，大学创新创业教育是一种新型的教育模式。大学创新创业教育的开始和结束是对大学生创新创业的包容性素质的全面培养。

周志成等人（2015）从高等教育理念的角度探讨了创新创业教育的涵义，并认为创新创业教育的实质是一种激发人们创造力的教育活动。

张育广（2017）认为，"创新"是创新创业教育的核心，"创业"是创新教育的重要延伸。

潘懋元、朱乐平（2017）认为创新创业教育主要是在组织内形成双创文化，教授学员相关的理论知识的一种综合性的教育。

王洪才（2018）认为创新创业教育是一种强化的专业教育，又显示出通识教育特征的一种育人方式。

王珍珍等人（2019）也认为，"创新创业教育"不是简单的"创新教育"加"创业教育"，不能简单地将其与"创新教育"或者"创业教育"作比较。

在探讨"创新创业教育"的领域时，当前的理解仍存在一定的偏差，尤其是关于其与"创业教育""创新教育"之间的概念关联，亟待进行更为深入的区分和解读。

从学术的视角出发，对"创新创业教育"的定义及其核心理念进行明确的界定显得尤为关键。这样的界定不仅有助于在后续的研究和教育实践中避免对其产生误解和混淆，还能确保教育实践的方向性和一致性。为了更准确地界定这一概念，需要紧密结合中国的社会文化以及教育背景进行综合分析。

针对"创新创业教育"的认识误区，参考了清华大学杨斌教授的见解，主要有以下几点：首先，错误地将"高校开展创新创业教育"简化为"高校开展创新创业"；其次，对"创新创业"的理解过于狭隘，将其局限于"创业"，而将"创新"视为"创业"的附属品；再次，将"创业"片面地理解为"创建新企业"，忽略了其更广泛的意义；最后，当前"创新创业教育"中的"创新"往往被狭义地解读为"技术创新"或"产品、服务创新"，这限制了其认知的广度。

杨斌教授强调，创新创业教育并非另辟蹊径，而是旨在攻克高等教育改革中的深层次难题。推动创新创业教育的根本策略，应聚焦于全面深化教育教学改革，以更好地培养并选拔出创新创业型人才。创新创业教育的核心目标，在于提升大学生的创新精神、创业意识及创新创业能力，以推动创新驱动发展战略的实施，促进经济质量的提升与结构的优化，助力创新型国家的建设。因此，创新创业教育不仅代表了一种全新的教育理念和教育视角，更是中国高等教育改革不可或缺的组成部分。

本研究认为，创新创业教育具有以下几个显著特点：首先，它涵盖了广泛的教育活动，不仅限于课堂内的创业知识传授，还鼓励学生通过创业竞赛、项目模拟等方式，亲身体验创业的全过程，从而掌握创业所需的知识与技能。其次，创新创业教育的目标并非要求所有学生直接投身创业，而是致力于培养大学生的创业意识、技能、态度及价值观念，使其在条件成熟时能够顺利展开创业活动。再次，创新创业教育强调培养大学生的创新意识、方法和创造性思维，同时激发其创业热情与活力，塑造出具有企业家精神的人才。最后，创新创业教育明确了教育者的角色，教师应致力于激发学生的创业意愿，并特别关注他们的态度、意愿以及创业过程。

创新创业教育展现了高等教育的深刻变革，它打破了传统教育观念，是中国高等教育价值观的一次革新。其主要目标在于培养学生的创新精神、创业意识及创业能力，从而帮助学生树立创新思维，激发创业精神。创新创业教育不仅是高等教育适应时代发展的必然选择，也是其有效途径。本研究认为，创新创业教育的核心在于为学生提供丰富的创业信息和技能，而非鼓励他们在课程结束后立即创办企业，其目的在于培养学生的创业兴趣、意愿和能力。

综上所述，创新创业教育是指高等院校根据教育目标，结合专业教育针对全校学生而实施的一种创新创业素质教育活动，以理论与实践相结合的教育形式，教授创新创业基础知识，提升创新创业素质，提升学生就业或自主创业的能力，包括师资配置、理论教学、实践活动、服务平台、激励政策等。

三、创新创业教育的现状

早在 20 世纪 40 年代，美国的哈佛大学、百森商学院、麻省理工学院等高等教育机构便陆续涉足创业教育领域。不仅如此，美国的创业教育已经贯穿整个教育体系，从基础教育到研究生阶段均有所涉及，它已深深植根于美国的国民教育体系中。多所高校不仅设立了创业教育课程，更有部分高校已经培养出创业教育领域的博士专业人才。

在 1980—1982 年间，美国通过了一系列如《拜杜法案》和《小企业创新发展法》等法律文件，这些法案不仅推动了技术的商业化和满足公众利益，同时也促进了高校的发展，使美国在创新创业驱动的经济持续增长和高质量就业方面走在世界前列。进入 20 世纪 90 年代，面对全球范围内兴起的创新创业浪潮，为确保美国在创业教育领域的持续领先，美国政府实施了"创业美国计划"，旨在进一步优化高校创业教育和大学生创业的政策环境，从而巩固了美国在创业教育领域的引领地位。

美国在描述创新创业教育时，将其视为推动经济腾飞的"核心引擎"。知名管理学家彼得·德鲁克（Peter F. Drucker）在2002年的著作《创新与创业精神》中，深入剖析了1970—1984年间美国经济的增长脉络，并强调创新和企业家精神在塑造成功就业政策中的核心作用。

另一方面，卡茨（Katz）教授（2003）在其研究作品中，系统梳理了美国创业教育的发展历程，并通过数据分析揭示了其涵盖本科、硕士乃至博士层次的广泛性和深度，为高端创业人才的培养提供了坚实基础。

创业教育的重要性同样得到了欧洲各国的广泛认可，其中英国的做法尤为引人注目。英国政府深刻认识到创业对国家经济增长的重要性，因此长期以来在政策和资源上给予创业教育大力支持。通过一系列政策文件，如《罗宾斯报告》《20世纪90年代英国高等教育的发展》《高等教育——应付新的挑战》《迪尔英报告》等，英国政府强调了创业教育对国家经济的推动作用，并推动高校与工商业、地方企业以及社区的紧密合作。1999年，英国还成立了由政府主导的科学创业中心（UK-SKC），专责管理和推动创业教育，为英国经济的繁荣和快速发展注入了强大动力。

在德国，创业教育也受到了政府的高度重视和积极推广。自20世纪50年代起，德国就开始注重提升职业学校学生的实践能力和知识，以弥补高校实践教学的不足。进入70年代后，创业教育逐渐融入大学课堂，并在90年代后期成为解决大学生失业问题的重要手段。进入21世纪，为应对知识经济的挑战，德国政府实施了"EXIST II"和"EXIST III"计划，旨在将创新创业文化融入大学教学和科研，促进科研成果的转化，并鼓励和支持大学生创业，为社会创造更多就业机会。这些措施有力推动了德国高校创业教育的蓬勃发展。

亚太地区的高校创业教育同样得到了各国的热切推动和广泛认可。新加坡在这方面取得了显著的成就，其政府的高度关注和大力扶持，为高校创业教育的蓬勃发展注入了强劲动力。政府不仅提供了巨额资助，还积极推动新加坡高校与国际知名学府的合作，通过建立海外分校的模式，深化创业教育的内涵和实践。例如，1998 年新加坡与麻省理工学院携手成立的合作联盟，共同致力于创业教育的探索与实践，这种合作模式极大地提升了新加坡高校的社会服务功能，并推动了其从研究型大学向创业型大学的转变，为国家的经济发展贡献了重要力量。

与此同时，韩国、日本、印度等国家也对高校创业教育给予了高度重视。这些国家结合自身的国情和实际，采取了多样化的措施，积极推动本国高校创业教育的发展，并取得了显著的成效。这些国家的经验和实践，为亚太地区乃至全球的高校创业教育提供了宝贵的借鉴和启示。

张雷（2014）认为，地方本科院校通过建立基地型、区域型和项目型"三合一"方式，为大学生提供了创新创业教育服务，促进地方本科高校创新创业教育的有效发展。

贺坤（2014）指出，中国应用型大学的大多数创新与创业教育目前仅关注形式，并且仍停留在肤浅的水平，主要体现在缺乏强大的创业思想和创新思维。

温雅（2015）基于《2014 年毕业生就业质量报告》中对 25 所高校分析的基础上认为我国高校创业教育在主体实施、学科建设、组织竞赛、实施效果等方面存在困境。

薛倩（2016）认为当前大学生创业教育虽已得到了社会各界的普遍认同，但在大学生创业项目成功地转化为创业实践方面还面临诸多困难与挑战，需进一步解决。

陈诗慧等（2017）通过对新常态下创业教育现状进行分析，发现当前创业教育在内涵与定位、模式、资源整合与评价机制等方面存在误区。

郭燕锋（2018）结合高校创业教育概况，总结分析出高校创业教育面临的一系列问题，如高校创业教育课程资源分散、创业教育体系不完善、创业师资力量薄弱、创业教育水平较低等。

刘树春（2015）提出地方本科高校要大力发展创新创业教育，将创业教育发展纳入人才培养体系中需要校内各部门协同合作，形成合力，将资源分配和校企合作融进高校创业教育发展之中。

吴学松（2020）以应用型本科院校学生为研究对象，通过调查研究发现我国创业教育在创业理念、保障机制、内涵建设、协同发展 4 方面存在认识不到位的现象。

张青敏（2020）讲到创新创业教育课程体系建设及实践探索为例，旨在突出创新创业教育课程体系在人才培养中的重要作用，强化创新意识，培养创业精神，释放创造动能。

蒋君、张志强（2021）认为创新创业教育改革已成为我国高等学校人才培养模式改革的主攻方向，创新创业教育质量也是衡量我国当前高等学校教育质量的核心要素之一。

郭占元（2021）认为高校承担着培养高质量千百万创业人才的重要使命与责任担当，为实施国家创新驱动发展战略，创业带就业"一带一路"倡议，提供人才支撑保证，应作出具有独特价值的重要贡献。

综上所述，尽管国内外创新创业教育呈现出了蓬勃的发展态势，但师资队伍力量的相对薄弱、课程体系设置不够科学合理，以及创新成果转化的实际难度等，都是当前需要正视的问题。不少创新创业教育实践往往过于形式化，停留在较为初级的层次，未能深入培育出坚实的创业精神和创新思维。为了进一步提升教育质量和效果，需要从多个维度进行改进和突破。

四、创新创业教育的重要性

科林（Kolin Ball）（2005）在对当今社会人类职业发展进行研究时指出，现阶段社会的发展给人类提出了更多的要求，一方面要具备较强的专业职业能力和学术能力，另一方面事业心和开拓能力相比来说更为重要，它们也可以被看作是人才的创新创业能力。他指出，在社会实践中人们习惯于重视前者能力，而对创新创业能力关注度相对较少，缺乏创新创业能力的人会随着时代的发展而被社会淘汰，优秀的创业者本身应当具备专业能力以及学术能力，更应当具备灵活的组织规划管理能力以及协调能力。

贝尔贝加尔－米拉本特（Berbegal-Mirabent）（2005）从多个维度对于高校创业教育予以深入研究，提出利用创业教育能够使大学绩效评估综合性更强，同时指出在创业教育过程中，知识技术的转移是创业教育的保障，不同院校之间、不同知识技术的互相转移，不仅能够促进各个大学自身的发展，同时也有利于国家和社会科技的提升，相反，科技的提升以及创业教育开展的程度也直接影响着知识技术的相互转移。

爱德华·德·波诺（Edward de Bono）（2010）提出，在当今社会，创业型人才应当具备较强的创业思维，而创业思维本身是为了更好地适应当前及未来社会经济发展，同时，也应该拥有相应的知识储备量为创业提供更多知识保障，从而推动社会和人类的发展。

张洋磊（2017）通过对当今国内就业形势以及人才培养模式进行分析后提出，创新创业教育是为了更好地解决国内就业压力以及现有人才培养体系实践性差等问题所形成的一种解决方案，当今"大众创业、万众创新"的社会发展需求促进了创新创业教育与人才需求变化的快速融合。

总的来说，创新创业教育是我国高等教育体系中的一项重要工作内容。创新创业教育的出现不仅是为了更好地解决当前的就业压力，而且也符合当今我国经济和社会发展规律。

五、创新创业教育模式

在国外，高等教育的创新与创业教育开展较早，特别是以美国、英国、日本为代表的国家，它们已经构建出了相当成熟的创业教育体系。美国在这方面的教育模式颇具特色，其中包括哈佛大学的模式，该模式着重培养学生的创业经历、意识和知识储备；百森商学院的模式也备受瞩目，其教育方向同样侧重于创业方面的全面培养；斯坦福大学则以其独特的创业教育方式，为学生提供了广阔的创业平台和机会。在英国，商学院发挥着核心作用，其强调实用性强的创业教育方法，而大学主导的课程模式也为学生提供了丰富的理论知识。日本则采取了一种政府、产业、学校三方紧密合作的模式，共同推动创业教育的深入发展。

除了上述模式外，许多高校在创业教育实践中也探索出了多样化的教育模式。例如，蒂蒙斯等学者（2004）提出了两种具有创新性的教育模式：一种是结合创业学院、创业课程和创业园资源，协同发展的一体化教育模式；另一种是高校与其他机构建立横向联系，实现资源共享和互补的复合式教育模式。这些模式的提出和实施，进一步丰富了全球高校创业教育的实践经验和理论体系。

让-皮埃尔·贝沙尔（Jean-Pierre Bechard）（2002）认为在理论与实践相结合的创业教育模式中，要注重开展除理论知识传授以外多种形式的实践活动，以此来培养学生的创业能力和技能。

美国著名学者杰弗里·蒂蒙斯（Jeffry A. Timmons）教授（2004）将创新创业教育分成了两种模式，一种为一体化模式，另一种为复合式模式，两种模式的根本区别在于是否要设立机构作为创新创业教育的专门机构，但两种模式都有一个共同的目标，培养创新型人才。

Streeter etcd.（2014）提出了以哈佛大学为代表，针对特定专业人才进行专业化培养的聚焦式高校创业教育模式。

随着创新创业教育模式相关研究的不断深入，也得到了更为具体的细分，来自罗切斯特大学著名学者安塔尔（Antal N）（2014）将创新创业分为普及式和聚焦式两种模式，其中面向全体在校大学生的创新创业教育就是安塔尔所提出的普及式教育模式，强调要面向高校全体学生进行创新创业人才的培养；而聚焦式模式则是针对高校特定人群、特定专业小范围内的创业人才培养，美国哈佛大学商学院就是采取的这种教育模式，并取得了显著成效。

施密茨（Schmitz A）（2017）整理了学术领域有关创新创业的相关文献，并对创新创业的组织形式、理论框架、定义和经典模型进行了详细的综述，对后来的研究做了很好的铺垫。

另外以学院为牵头单位，整合各类创业资源的磁铁模式、以康奈尔大学为代表的辐射模式、以德国等国家为代表的项目模式以及混合模式也被广泛的应用。

中国高校创新创业教育从缓慢到成熟经过了数十年的发展，已经形成了各具特色的创业教育模式。

黄林楠等（2010）强调应把创新创业教育模式作为一个系统性工程来推进，其间涉及创新创业教育目标体系和教育理论的构建、课程体系与实践体系的多维建构、师资队伍的培育、校园创新创业文化氛围的营造及相关政策法规的完善与健全等。

李政（2011）通过对创业教育模式运行主要矛盾的分析，提出了一种基于学生自主选择的"平台—模块—窗口"式创业教育模式。

王占仁（2012）提出了创新创业教育的新型理念——"广谱式"，即借助专业教育开展面向全体学生的教育实践模式，该书在对传统教育理念进行反思的同时，建构了"经由就业走向创业"的另类教育体系，并在此基础上阐述了现代思维视野下的"大创业教育观"，此外，还论述了与之类似的"大创业教育观"。

王长恒（2012）对构建人才体系提出了要求，他指出一个完善的体系需要家庭、学校、社会政府等各个领域共同努力，政府为创业创新提供有利的政策和充足的资金支持，同时还要引导正确的舆论走向，促进其健康持续发展；企业也要加大投资力度，与高校开展深度合作，积极投身于公共事业；家庭、学生也要提高创新创业的理念，为其创造一个良好的环境，促进自身综合素质的提高。

李伟铭（2013）在研究中认为创业教育实现了由课堂教学向多种模式转变，指出了聚焦模式以清华大学为代表、实体体验教育模式以黑龙江大学为代表、课堂扩展教育模式以中国人民大学为代表、岗位创业教育模式以温州大学为代表的各类创业教育模式。

黄兆信（2013）论述了新模式下各高校创新创业发展的近况，文中指出各高校针对时代和人才培养的需求，构建了创新创业的新模式，即将就业与创业有机结合，将温州大学作为研究案例，对其各方面发展都进行了研究，包括课程内容、授课形式、人才培养手段、将创新创业融入传统教育中、建立实训基地，为创新创业的发展打好基础、同时还要吸引高水平的专业人士，不断提高教育能力和水平，逐渐形成一个全新、完善、独特的人才培养管理体系。

李浩然（2013）借助具象思维，把燕山大学的学生创新创业教育的实践作为基本研究对象，开启了"学习、竞赛、研究、实践"四位一体的人才培育新模式。

王占仁（2015）提出了包括"通识型""嵌入型""专业型""职业型"4个层面为主要内容的广谱式创业教育模式。

文兵（2015）指出，要不断改进创新创业发展模式，双管齐下，重新构建人才培养的结构以贴合时代的要求，要不断探索新模式，促进其与社会资源的协调发展，加强企业与学校之间的深度合作；通过不断完善人才培养机制，将其渗透到各领域，我们可以不断提高创业教育的质量和创业服务水平。

胡超（2016）将中美创业教育模式各自优势进行融合，提出了以创业中心为管理机构、采用专创融合双面路径进行教学，以培养学生创业能力为目标的创业中心模式。

田蕾（2016）在《试论大学生创新创业教育模式》将我国创新创业模式进行了分类整理，大致划分为四个类型：纵向拓展型模式、横向拓展型模式和产学研相结合模式。

张育广等学者（2017）提出体验式创业教育模式，该模式通过"自主参与、情境模拟"两大维度来激发学生创业潜能、提升学生参与创业的积极性与主动性。

陈爱雪（2017）基于"互联网+"社会发展背景下提出理论、实践、实战一体的立体化创新创业教育模式，重点关注和培养学生的综合素质，对创新创业教育注入新的活力加强创新创业能力的培养。

王玉蕾（2018）提出地方本科高校创业教育的3种代表性创业教育模式：一是地域文化与地方经济发展相结合的创业教育模式；二是优势学科与创业教育相结合的创新型创业教育模式；三是创业教育融入人才培养全过程的创业教育模式。

乐乐和雷世平（2019）主张高职院校开展创新创业教育主要有选拔式、体验式、广谱式等教育模式，他们指出应该基于学校、学生及专业选择合适的创新创业教育模式，推进广谱式创新创业教育。

综上所述，国际上对于创业教育的探索起步较早，并且在多个方面取得了显著成就。特别是以美国为首的西方国家，在其发展过程中孕育出了独具特色的创业教育体系，这为我国学者在创新创业教育的研究上提供了宝贵的参考。近年来，我国学术界对创新创业教育的研究热度持续上升，无论是现状分析还是模式探讨都在不断深化，研究范围也在逐步拓宽。然而，从全面的视角审视，我们仍发现在创新创业思维培养、课程资源开发、师资力量建设、学科方向定位以及整个教育体系的构建等方面，还有诸多需要进一步探讨和完善之处，这也是未来研究的重要方向。

六、创新创业教育管理的定义

对于创新创业教育管理的定义，国内学者分为广义和狭义，广义上的概念是指与教育活动有关的所有管理，包括教育行政管理和学校教育管理两类，狭义则仅指学校教育管理，主要是各级政府机构在教育领域实施的控制、指导、协调和服务。教育管理内容包括制度建设、管理机构、管理队伍等，创新创业教育需要家庭、学生和整个社会的大力支持，只有大学和主管机构的努力以及各方的积极参与，才能共同促进双创教育的进步。

胡海洋等（2016）对创新创业教育管理提出了三种典型的组织构架，分别是：第一种是为创新创业的学生专门组建特殊的班级进行培养"点状结构"；第二种是没有专职机构，由相关的多个职能部门各自负责的"虚拟星型结构"；第三种是建立专职机构，专人负责统筹协调创新创业工作的"星型结构"。对于创新创业教育管理过程存在的问题，国内学者普遍认为管理的定位不清晰，管理方法单一，缺乏师资队伍建设，保障体系不完善等问题。针对普遍存在的问题，一些专家学者和创新创业教育工作者提出了要明确创新创业教育管理目标，建设一支高水平师资队伍，加强政策扶持等方面的意见和对策。

综上所述，创新创业教育管理涵盖了大学层面在创新创业教育领域的指导思想、理论体系、核心原则、组织架构、运作流程以及实施策略等一系列管理要素。虽然创新创业教育管理已经取得了显著的进步，但仍存在诸多挑战。比如，当前的管理定位尚不够明确，管理方法相对单一，缺乏足够强大的师资队伍支持，以及整体保障体系有待完善。针对这些普遍存在的问题，不少专家学者和投身于创新创业教育的实践者提出了若干建设性意见和对策，包括明确并细化创新创业教育管理的目标、打造一支具备高度专业素养的师资队伍，以及加强政策层面的扶持力度等。

七、创新创业教育管理模式

在欧美等很多西方国家，创新创业教育开展得很早，截至目前已经建立了较为完整的教育管理模式，特别是美国，大多数学者都认为创新创业教育这种教育形式是从美国开始流行的。

王万山、汤明（2012）提出了美国目前 3 种典型的创新创业教育模式：①"强化意识"模式，这一模式的典型是 Babson College；②"注重经验"模式，典型是哈佛大学；③"系统思考"模式，典型是斯坦福大学。这3种教育模式各有特点，并且在创新创业教育领域都有十分显著的发展。

应永胜（2015）指出，创新创业教育管理是涉及教育理念、教育模式、管理体制等多方面的长期性的系统工程，政府、高校以及社会各界协调配合，以美国的创新创业教育管理工作为鉴，我们应在创新创业教育理念、氛围、保障体系、教育基础、评价反馈机制等方面作出努力。

饶锦（2018）将创新创业教育分为3种：①将第一课堂和第二课堂联系起来，以注重创新创业教育理念的形成，提高学生的综合素质为目标，这一类型的典范是中国人民大学；②注重在实践中获得创新创业知识以促进能力的提升，这一类型的典范是北京航空航天大学；③不单注重学生的创新意识和能力，还能为他们的创新活动提供资金及技术支持，上海交通大学和清华大学是这一类型的典范。

综上所述，为了增强大学生的创新创业能力，创新创业教育成为一个不可或缺的环节。然而，在当前的我国高等教育体系中，创新创业教育仍然处于不断探索和发展的阶段。为了更有效地推进这一教育形式，构建一套完善的高校创新创业教育管理体系显得尤为重要。这一体系需要从管理的角度出发，解决当前教育中可能存在的形式重于实质的问题，并明确其目标和运行方式，以确保创新创业教育能够真正发挥其在培养学生创新创业能力方面的积极作用。

八、创新创业教育发展

2010年教育部颁布的《关于大力推进高等学校创新创业教育和大学生自主创业工作的意见》中指出，创新创业教育包括师资配置、理论教学、实践活动、服务平台、激励政策。

根据教育部的文件，研究人员将高校创新创业教育发展分为师资配置、理论教学、实践活动、服务平台、激励政策等5个变量。

（一）师资配置

Mars（2016）评价了农业专业创新创业教育教师素质状况，认为应将农业教师创新创业意识与实践能力作为创新创业教育评价指标，教师的创新创业素质及创新创业教育实施情况直接影响到学生创新创业意识的培养以及创新创业素养的形成，培养一支优秀的创新创业教育师资队伍是创新创业实施的关键。

李旭辉（2016）基于 GI 群组法，从创新创业环境、教育投入、教育产出 3 个方面构建了效果评价指标。

段丽华（2017）通过对相关观测点进行客观测量和专家评价，设置了区域环境、师资投入、机构建设、创业课程、创业项目、管理过程、素质提升等指标。

贺庆玲（2019）提出，作为"大众创业、万众创新"的实践主体，高等学校在"双创"的落实过程中，结合当前高等教育教学体系运行的实际，通过设立专门的大学生创新创业管理机构，聘用大学生创新创业专任教师，开设创新创业系列必修课等措施，从培养方案、课程设置、教学管理、过程指导、实施效果评价等教学实践的各个环节，提高学生对创新创业观念的认知水平，传授创新创业实践的普遍规律。从总体来看，这些举措对大学生了解创新创业、参与创新创业、激发学生投身创新创业的积极性起到了重要作用。

王志强等（2020）在基于 1231 所高校的实证研究上，验证了教师能力构成、创新创业运行机制、创新创业教育质量三者之间的关系，认为高校必须构建出加强双创教师认同感与专业化发展的支持体系。

陈鹏（2020）认为，双创教师应从知识的传播者蜕变为知识的共创者，积极利用人工智能，做"信息资源的整合者，创新创业的践行者，教育科学的研究者，服务社会的引领者"。

郭丽莹（2020）通过构建高校创新创业教师指标体系，对全国 31 个省的高校创新创业教师进行研究分析后，认为促进高校创新创业教育质量改进的核心要素是教师，应着重提高教师的胜任力。

宋晓丹（2022）为评价高校创新创业教育资源投入产出的配置效率，以江西省为例，运用 BCC 模型和 Malmquist 指数模型对 2017—2021 年高校创新创业教育资源配置效率进行静态和动态 2 个方面的评价。

赵明明（2022）立足于应用型本科院校创新创业教育资源开发，通过深度开发课程资源、打造引培互补的激励型师资队伍等方面来推动应用型本科院校创新创业教育资源的开发的进程，共同推进创新创业教育资源的整合，以提升应用型本科院校创新创业教育的成效。

综上所述，师资配置指的是本科高校在整个创新创业教育过程中所投入的师资力量，通过合理、优化的资源分配可以有效的保障本科高校创新创业教育质量，包括师资数量、师资质量、师资选拔、师资培训、师资考核、师资管理。

（二）理论教学

法约列等（Fayolle,A.）（2006）采用计划行为理论对创业教育课程实施效果进行深入研究，发现创业教育的最重要结果并不是促使学生创办企业，而是从观念上改变学生的态度和价值观，使他们具备更强烈的创业意愿和创业精神。

曹胜利（2009）提出创新创业教育尝试构建模拟教学创业项目体验式课程，注重环境构建和突出学生主体性的设计，以期在接近真实的实践环境中提升学生创新创业理论与实践相结合的能力，在创新创业课程实践体验的过程中积累经验和掌握技能。

黄兆信（2012）提出要把理论课程与实践课程、基础课程与专业课程、隐性课程与显性课程三者有机整合，并通过"平台＋模块"课程结构模式，将创业课程以必修和限定选修的方式纳入各专业培养计划，将使创业课程体系得到优化并发挥最大功效。

李长熙（2014）认为单纯的创业指导课程并不能满足学生创业能力提升的要求，必须建立起以兴趣为导向的创新创业课程教育和学习。

朱益新（2016）研究表示"平台＋模块"的结构课程，加强在实践平台上专业教育课程教学与创新创业教育课程紧密的结合，达到在实践活动中提升创新型人才培养质量的目的。

李德丽、刘俊涛等（2019）提出构建第一课堂嵌入第二课堂融入的广谱式实践为主的创新创业课程体系，以解决课程建设定位不清、与专业教育脱离等问题。

乐乐、雷世平（2019）主张高职院校开展创新创业教育主要有选拔式、体验式、广谱式等教育模式，指出应该基于学校、学生及专业选择合适的创新创业教育模式，推进广谱式创新创业教育。

伊剑（2019）认为高校的创新创业教育不应限于"照本宣科"式的理论知识讲解，而要重点强化大学生的创新创业意识，培养大学生树立"数据驱动创新创业"的理念，使其不再依靠个人或团队经验来选择创业方向。

学者孟晓媛、刘继东（2019）提出一要整合教学资源，完善课程体系；二要创新教学方法，拓展教学内容；三要丰富教学形式，改变考核方法。

张芳（2019）指出国内高校在创新创业课程结构设置方面的问题是选修课占比远远高于必修课。

吴学松（2020）从课程设置的科学性以及课程顺序安排合理性的角度论述了有关于创新创业课程结构的研究，综合性高校以通识选修课的形式实施创新创业教育，针对不同年级的学生，先后开设由低到高的三级创新创业课程群。

李辉、杨思佩（2022）通过对我国 50 所高校创新创业课程建设情况的调查发现，高校创新创业课程建设存在创新创业课程学分设置较低、教育理念更新滞后、课程体系不健全、"专创融合"程度不高、创新创业和跨文化能力课程缺乏交叉等实践困境。为了改善这些情况，高校应在合理设置创新创业课程学分、更新课程理念、完善课程体系建设、提高课程"专创融合"度和促进创新创业课程与跨文化能力课程的融合交叉等方面下功夫。

申双花（2022）认为创新创业课程体系建设存在：应然与实然的矛盾，即地方高校教学改革中创新创业教育理念遇冷；回避与融合的矛盾，即创新创业教育课程融入高校专业课程建设困难；理想与现实矛盾，即创新创业教育课程没有成熟的体系。加强创新创业教育课程体系建设需要加强基础保障、融入专业课程、创新课程建设理论等方面，以期促进地方高校创新创业教育体系发展。

张维、程海艳等（2023）从教学目标、教学流程、课堂教学、考核方式、教学实践活动等方面进行探索，期望能够解决教学中的问题，凸显课程特色，达到增强学生综合能力、提升教师教学水平、提高学校人才培养质量的效果。

计华（2023）提出基于 OBE 理念，大力改革创新创业教学模式，明确创新创业教学的培养目标，完善创新创业教学的课程设计，加大创新创业教学的资源投入，强化创新创业绩效的成果评价，以提升高校人才培养质量，从而为培养复合型的创新创业人才寻找新的突破口。

李海东（2023）指出实施"必修 + 选修 + 专修"模块设计，构建出有序衔接、互为支撑、立体多元的创新创业课程体系，并提出建立组织机构保障机制、双创教师培养机制、教学信息共享机制、实践教学服务机制等针对性措施。

综上所述，理论教学就是高校提升创新创业教育质量的关键所在，指在课堂上传授理论知识，分为课程体系和课堂教学 2 个部分，包括课程目标、课程结构、课程教材、课程活动、课程考核、课堂教学、教学效果等。

（三）实践活动

宋之帅、徐美波、乔宁（2012）采用层次分析法，从课程设置、师资背景、教学方法、实践平台、组织领导、资金支撑、社会协同等方面对高校创新创业教育质量进行过程评价。

秦敬民（2010）提出 QFD 质量评价方法可以适用于高校创业教育，将招生宣传、学校教育、课程考核、就业绩效及后期反馈等环节综合考虑，可以有效提高高校创业教育质量。

李玥（2014）分析高校创业教育质量评估的主体多元性、过程持续性、结果时滞性等特征，基于平衡计分卡的思想提出高校创业教育质量评估的结构维度，将目标、客户、流程、资源 4 个层次的重点内容作为高校创业教育质量的各级各项指标。

米歇尔（Michelle）（2015）研究认为，美国实施的创业教育网络计划（Kern Entrepreneurship Education Network，KEEN）将创新创业理念融入专业课程之中，可培养学生创新创业思维与解决问题的能力，以学生在学校或企业实习成绩为基础，可评价学生的创新思维与合作能力。

皮塔维（Pittaway）（2016）构建了创业教育实践评价体系，认为美国与英国创业教育差距甚微，但研究生较本科生更侧重于创业教育技能与实践。

王秋梅、张晓莲（2016）认为可以按照多层次、多主体、多要素、多导向的要求，对创新创业教育评价监测指标进行"模块化"设计。

王生龙（2018）认为高校创新创业实践教学机制的构建应该从顶层设计入手，成立高校创新创业专门机构，同时以高校创新创业实践教学体系的构建为核心、以完善的支持体系为支撑，构建一个三层次的立体的创新创业实践教学机制。

黄兆信、黄扬杰（2019）认为，教师视角下的过程评价主要包括课程体系、组织领导、师资建设、教学管理和机制保障 5 个方面，学生视角下的过程评价包括创业实践、创业课程、创业教育与专业融合 3 个方面。

何毓颖（2021）以校企协同育人为路径，探索"四合贯通"创新创业实践教学实施策略，产教融合确定创新创业实践教学目标，校企合作开发创新创业课程资源，商学结合实施创新创业教学，行知合一开展学习绩效评价，解决传统商科人才培养中普遍存在的与企业岗位需求脱节、学生实践能力较弱以及创新创业能力不足等问题。

许爱华、吴庆春（2020）基于企业生命周期理论，打造更加精准化的创业教育实践平台，完善高校创新创业系统育人机制，优化高校创新创业教育资源的配置，方可实现高校精准化培养创新创业人才的目标。

滕智源（2021）提出"两融四合"的理念，聚焦能力养成和实践行为 2 个维度，通过创新创业微课程学堂和项目合作联盟两个抓手，建设创新创业实践课程体系，全方位、全过程、全员化的培育学生创新创业实践能力。

章力（2022）认为创新创业教育的核心旨归在于不断巩固及发展学生的创新创业能力，而创新创业实践课程则是让学生真切感知，进而提高创新创业综合素养及能力的重要载体。

（四）服务平台

代君、张丽芬（2014）提出了促进大学生创业校内基地建设和运作的模式，包括工作室模式、参赛牵引模式、模拟对抗模式、平台交流模式、项目驱动模式、订单介入模式，构成既结合学校实际、具有可操作性，又具有长效作用的运行模式。

兰华、杨宏楼（2016）认为高校大学生创业园的目标定位不明确，忽略了自身特点，盲目追求创业园的"大"和"全"，最终导致创业园不能适应本校大学生创业实践的要求。

王占仁等（2016）提出众创空间是孵化器、创客空间的整合升级版，既重视创新也重视创业，是创新创业教育的重要阵地和有力补充，因此应着力推进众创空间与高校创新创业教育之间的联动，使二者之间形成优势互补、协同发展的良好互动关系。

初汉芳、张可等（2017）提出众创空间是培养创新型人才并为其提供创业机会的重要场所，而高校众创空间的建设是一项系统工程，建设一个多元化、多层次、多主体参与的高校众创空间，需要高校与社会主体共同打造，才能使其实现可持续发展。

冯浩（2017）认为虽然高校经常开展创新创业类的讲座、培训班等短期创新创业教育活动，但这种创新创业管理形式还是过于片面、单一化，缺乏系统性和连贯性，阻碍了学生对创业的认识和发展。

黄嘉伟（2018）通过研究分析我国众创空间发展过程存在的问题，并利用层次分析法对所构建的指标体系内的 22 个操作指标确定了指标权重，提出应针对众创空间建立合理且适用的评价体系。

李振（2019）认为要借鉴韦伯的科层制理论，不断优化学生实践与创业管理专业管理部门。学生处作为高校管理学生创业的职能机构，下设学生实践创业管理指导中心，在各级学生会中设立学生实践指导部，并且在班级委员会中设立专门的班干部对应配合管理学生的实践和创业情况。这种管理和创业的层级管理，有助于全面掌握和了解学生的创业状况，并且形成监察、指导等作用，配合各个层级的学生管理部门，帮助高校全面管理好学生的创业行为。

王海花等（2020）从创业生态系统的角度出发，通过研究上海众创空间的运行模式，发现不同众创空间在不同阶段为创业主体营造的创业环境和动态匹配皆有不同的特色，并从众创空间的运营方、创业企业、政府 3 个角度入手，为发展不同类型的众创空间提出了科学合理的建议。

仝月荣、陈江平（2021）将创业学院与创新实践教育平台融合重构，并将双创教育理念融入人才培养全过程，依托交叉创新实践平台构建双创教育体系上进行了一系列的探索和实践。

贾双林、戚继忠等（2021）通过创新实践型人才培养平台、多样化的载体和团队支撑体系建设，形成了以"学生中心"的跨门类、跨专业、跨年级多学科交叉融合的师生互教、生生互学、教学相长的具有综合性大学特色的学习共同体。

汤钰文、张亮（2022）要打造专业教育与创新创业教育相融合的教育体系、建立数据共享与资源整合的信息库、营造良性竞争和开放包容的文化氛围，并结合当前现状对高校创新创业平台建设提供一些参考性建议。

刘振海、祖强等（2022）提出构建一个覆盖全省高校、企业和科研院所的省域创新创业教育信息管理平台。通过搭建服务平台、健全训练实践体系、构建教训一体化系统、建设实践教育中心、打造创新创业示范基地等具体措施，平台在优化服务体系、完善管理机制、提升工作实效等方面取得创新。

综上所述，服务平台是指高校为提高创新创业教育水平开展的平台，分为信息平台和实践平台，包含咨询服务、技术支持、校内实践平台、校企合作平台、经费支持、场地支持、管理机制。

（五）激励政策

Jay K.（1999）认为创业政策应该为新生企业的建立与发展提供优惠政策、制度环境、资金渠道和创业教育等方面的服务。

方世建（2009）认为应采取一系列政府支持的公共政策措施，支持初创企业的商贸、初创或种子融资、减少准入与退出障碍。

郭德侠（2013）依据颁布出台的企业的准入、财税、金融等政策，以及相关的配套服务政策，分析了当前大学生创新创业政策的欠缺之处，并提出了相应的解决对策。

学者郭龙（2014）和彭友花（2019）两位学者选取社会、政府、高校、企业4个主体为一级指标进行评价指标体系的构建。

李红红（2018）通过调研陕西省大学生自主创业扶持政策的实施情况，发现政策制定的主体呈多元化且层次不分明。她认为政府在大学生创业政策内容的制定、政策执行、政策环境营造上，要发挥主导性作用并加大鼓励力度。

郭薇（2019）依据创新创业教育生态系统，利用政策类型、课程体系、师资队伍、创业组织、创业实践及创业氛围6个维度探讨河南省高校实施创新创业政策的实施效果，从政府层面、法律法规层面、高校层面以及社会层面提出大学生创新创业政策的有效实施需要政府、高校、社会相互联动才能更好地发挥作用。

马俊和钱俊（2019）将我国大学生创业扶持政策按照环境构建、融资扶持及创业服务来划分，提出政策制定应征询大学生的意见，增加政策的人文关怀度，解决政策与实际脱离的问题。

彼得·T.贾尼奥迪斯（Peter T. Gianiodis）（2019）使用美国大学以及各州政

府的数据来测试地区政治对创业的绩效影响，揭示了地区政治如何影响大学的创业成果，研究发现增强创业意识的公共政策与地区政治发展密切相关。

雨果·D.桑（Hugo D. Kantis）（2020）发现发展中国家将创业作为经济增长和结构转型的潜在动力，但是缺乏创业数据，使得决策者没有一个清晰的基于证据的平台来设计创业政策和计划。他通过引用系统平衡和双重生态系统概念帮助国家决策者在更具体的背景下制定其政策。

包云娜（2020）在结合我国创新创业政策总目标的基础上，构建以"政策制定—政策执行—政策效果"为目标层的一级指标和7个二级指标，33个三级指标以及94个四级指标的树状评估指标体系，通过细化政策持续性、政策体系、创业效果的维度，确保创新创业政策评估的准确性和有效性。

康晓玲、李朝阳（2021）认为校长任期、学科特色与省（市）内其他高校响应程度对高校的政策响应程度具有显著影响。这意味着实现高校校长适度流动，培育创新创业教研人才，构建校际协同育人机制有助于高校创新创业教育政策响应程度的提高。

何庆、江雷祺等（2022）指出我国高校创新创业教育属于政府推动型，是在一系列公共政策推动下逐步开展起来的。通过梳理发现，高校创新创业教育政策存在诸多问题：以行政规范性文件为主，缺乏稳定性；独立性的政策文本较少，凸显工具性；政策间矛盾与重复并存，缺乏协同性；教学质量评价标准模糊，缺乏操作性。将创新创业教育纳入法制化轨道能够在一定程度上解决上述问题。

陈武林（2023）认为创新创业教育政策目标聚焦创新创业人才培养导向，有力提升了人才培养质量，但仍存在着政策目标评估工具缺乏贯通性，执行机构联动性不足，以及目标群体认同度有待提升、资源投入相对有限等制约因素。为此，应进一步优化创新创业教育政策设计，理顺政策执行的府校关系，提高目标群体参与的积极性和政策认同感，建立"政产学研用"协同机制，以保证政策的有效执行。

总的来说，激励政策是指学校为创新创业教育提供的政策支持、社会资源等，包括激励机制、支持政策、成果转化、职称评聘、评优评先、宣传典型、物质奖励、资金支持等。

第三节　广西本科高校教育概况

统计数据显示，到 2021 年，广西高校的总数达到 89 所。全区高等教育的毛入学率达到了 52.4%，整个区在校生人数更是达到了 172 万人。目前，广西共有博士学位授予单位 7 所，硕士学位授予单位 14 所；从高校层次结构来看，普通本科院校 38 所，高职高专 46 所，成人高校 5 所；从高校布局结构来看，南宁有 37 所，桂林有 13 所，本科高校主要位于南宁、桂林。

一、广西高等教育发展水平稳步提升

1 所高校入选国家"双一流"高校建设名单，8 所高校入选中西部高校基础能力建设工程。195 个本科专业入选国家级一流本科专业建设点，99 门课程获得国家级精品课程和一流课程。新增博士学位授予单位 5 所、硕士学位授予单位 3 所，新增博士学位授权点 38 个（增幅达 271%）、硕士学位授权点 176 个（增幅达 109%）。22 个学科进入 ESI 学科排名全球前 1%，学科的国际比较影响力获得大幅提升，有 68 个专业通过了国家级专业认证。

《广西高等教育振兴发展"十四五"规划》（2021）指出，高等教育结构不断优化。新增博士学位授予单位和硕士学位授予单位各 1 所，新增博士学位授权点 20 个，新增硕士学位授权点 66 个，与 2015 年相比，学位点增幅分别达 87% 和 28.2%。学位点类型、层次结构、学科覆盖面进一步优化。

二、人才培养质量明显提高

建成 152 个本科高校特色专业及实验实训教学基地、142 个高等职业教育示范特色专业及实训基地。44 个普通本科专业点分别通过国家医学、工程教育和师范专业认证，135 个专业点入选国家级一流本科专业建设点。国家级实验教学示范中心和虚拟仿真实验教学中心达到 23 个。6 所高校获批全国深化创新创业教育改革示范校。4 所高等职业学校入选国家"双高计划"建设名单。高校毕业生就业局势总体稳定,近五年广西高校毕业生初次就业率均高于全国平均水平。

三、学科建设成效显著

广西大学成为世界一流学科建设高校、部区合建高校,其土木工程学科入选世界一流学科建设行列。重点支持广西一流学科项目34个、一流学科(培育)项目25个。

四、综合改革持续深化

深入推进高等教育"放管服"改革,高校办学自主权进一步落实。持续深化高校职称改革,创新和规范高等学校机构编制管理,保障高校引进人才用编需求,稳步推进高校教师收入分配制度改革试点,创新高层次人才薪酬制度和绩效工资管理政策,进一步加大高校内部分配自主权。现代大学制度得到进一步确立,学校内部管理制度进一步健全。

五、科研水平和服务能力不断提升

高层次科技平台和标志性成果建设成效显著。在省部共建协同创新中心、国家地方联合工程研究中心、国际科技合作基地等平台建设上取得零的突破,新增13个国家级和教育部科研平台,国家层面各类科研平台达29个。高校科研和服务能力不断提升,"十三五"期间共获各级各类科研项目达3.38万项,项目经费近50亿元,其中首次牵头承担国家重大科技计划项目4项。获国家科学技术奖9项,广西自然科学奖、科技进步奖、技术发明奖高校牵头项目获奖占比保持在40%以上,其中一等奖高校牵头项目占比超过一半。

六、开放合作特色鲜明

广西共举办两届"中国—东盟职业教育联展暨论坛"。每年来广西留学生在校规模均超万人。近1400名专任教师、约2.2万名大学生到国外研修深造和交流学习。截至2020年,高校累计获批32个中外合作办学项目和机构,其中本科层次 18 个、专科层次 14 个。高校在东盟国家新建孔子学院 1 所，孔子课堂 6 个。10 余所高校赴境外开办分校或培训基地，被国（境）外采用的专业教学标准 41 个，课程标准 196 个。高校依托各级各类中国—东盟人才培训中心（基地）、境外教学点等开展培训逾 1.3 万人次。

七、重视创新创业教育

6 所本科高校获批全国深化创新创业教育改革示范校，包括广西大学、广西财经学院、桂林电子科技大学、桂林理工大学、广西师范大学、南宁师范大学。

2021 年，成立广西高校创新创业教育研究中心。中心致力于广西高校创新创业教育改革的全面深化，特别聚焦于改革中的核心挑战、棘手问题以及当前热门议题，进行深入的、高水平的研究。通过提供精准、高效的决策支持、专业评价、系统培训和广泛的交流推广服务，致力于打造一个引领广西高校创新创业教育向前发展的研究平台和独具特色的新型智库，以支撑其持续、高质量的发展。

2022 年，广西壮族自治区发展和改革委员会印发了《广西大众创业万众创新 "十四五" 规划》，从建立联合工作推进机制、加强创新创业政策统筹、强化规划政策落地落实、完善考核评价管理机制 4 个方面提出重点举措，切实保障目标任务实施落实到位。

广西壮族自治区教育厅在《广西高等教育振兴发展 "十四五" 规划》中强调，深化创新创业教育改革。坚持把创新创业教育融入人才培养全过程，强化创新创业教育与思想政治教育、专业教育紧密结合。支持以高校为主体，以服务地方产业振兴为导向，政府、企业与社会组织共同参与的多元创新创业教育体系，培养大批创新创业型人才。

第四节　相关研究

一、创新创业教育影响因素

近年来，针对创新创业教育影响因素的探讨呈现出日益增长的态势，这一变化主要归因于国家层面多维度的政策指引以及社会发展中不断涌现的多元化需求。这些因素共同推动了创新创业教育研究的深化与拓展。

张金兴（2015）通过6个不同方向的创业典型，寻找和分析大学生成功创业的共性特征，并提出高校应不断丰富和改善创业教育内容，积极建设具有校本特色的创业教育人才培养模式，给出了构建高校创新创业教育生态系统的具体实施策略。

刘艳等（2016）从自己学业的专业特点和需求出发，在国家的号召和要求下，通过构建"广谱式、反哺化"的创新创业教育体系，搭建"政产学研用"良性循环的创新创业实践平台，组建"专管并举、专兼并用"的创新创业指导团队，创建多级创新创业评价体系，形成生命科学大学生创业教育生态系统。

薛永斌等（2016）通过针对MBA这一特殊群体的分析，得出MBA是最可能获得创业成功的群体，并借此对创业生态系统的特征进行了梳理，阐释了中国传媒大学MBA学院创业教育实践以及生态系统的构建过程。

刘宇、吴小钗（2017）通过以江苏大学生创新创业教育绩效的相关因素作为具体研究对象，从而得出对其产生影响的内外部因素，其中内部因素主要集中在学生、教师及学校这三方上，而外部因素则主要来自政府、外部资源及所涉区域文化等方面，并在对双重影响因素的分析研究中，探讨提升江苏大学生创新创业教育绩效的有效途径。

董晓光（2018）等从高校角度出发认为学校是生产者，分解者为创业教育组织机构，消费者为创业教育学生及新创企业，催化剂为创业教育实践平台。

裴要男、王承武（2019）从项目驱动引导创新创业教育入手，以MOA模型为重要研究方法，对影响教育发展的相关性因素进行了一系列的假设建构与分析验证，并把新疆农业大学的项目的具体情况作为主要研究对象，借助结构方程模型对相关数据进行分析处理，总结对创新创业教育产生影响的主要因素及其间涉及的问题，从而归纳出项目驱动对意愿、实践、能力、环境这 4 个方面的积极作用，且对促进大学生能力的提高所起作用最大，同时，4 个因素相互关联并相互影响，由此形成了项目驱动下"三位一体"的教育体系。

Giang Hoang et al（2020）发现创业教育对创业意向的积极影响是通过学习取向和自我效能感来调节的。

魏国江（2020）利用中介效应模型实证研究发现，心理资本不仅能够直接影响大学生的创业意愿，还能够直接影响大学生的创业，在激发大学生创新创业兴趣、推动高校创新创业教育发展过程中，除了要传授知识，更需要重视对大学生心理资本的培养。

二、创新创业教育评价

斯塔弗尔比姆 Stufflebeam D.L.（1966）认为教育评价是关于教育方案、项目、服务，或者其它利益目标的优点及价值的一种系统的调查过程，即是一种划定、获取、报告、应用叙述与判断信息的过程。

葛莉（2014）基于 CIPP 评价模型，构建了包括创业环境基础能力、资源配置能力、过程行动能力、成果绩效能力 4 个维度的创业教育能力评价指标，用于合理评价高校的创业教育能力。

吕阳（2017）在借鉴相关学者关于全面质量管理理论研究的基础上构建了评价指标体系。

成希（2018）从教育生态学理论角度出发，以教育教学、组织机制、环境生态为一级指标进行评价指标体系的构建。

郭如（2018）以教育三要素为理论基础，从教育者、受教育者和教育影响进行指标体系构建。

胡正明（2018）以及祝成林等（2020）以高职院校学生为调查对象，在分析当前高职创业教育现状的基础上构建评价指标。

李楠（2019）提出应基于学生参与的角度，从创业教育保障、创业教育过程、创业教育效果 3 大环节作为一级指标来构建创新创业教育质量评价指标体系。

姚倩（2019）依据计划行为理论从学生满意度、师资力量、创业支持、创业意向、创业实践 5 个方面进行师范类高校创业教育效果评价体系的构建，综合分析其影响因素。

黄兆信 (2019) 提出了由现状评价（Status）、过程评价（Process）和结果评价（Result）3 个一级维度，9 个二级维度构成的 SPR 三维创新创业教育评价理论结构模型，强调发展性与绩效性评价相结合、短期与长期评价相结合。

梁正翰（2021）认为高校构建创新创业教育评价体系时应明确其评判价值、导向价值与提升价值，基于正确的目标导向，遵循客观公正原则、持续发展原则以及辩证统一原则，在评价主体上注重多元化，在评价时间范围上注重长效性与可发展性以及在评价时处理好创新创业教育与学生个性培养之间的辩证统一。

陈芳（2022）基于 CIPP 模型的评价体系，共构建 4 个一级指标、11 个二级指标和 18 个三级指标组成的创新创业教育评价体系，重点分析高校在创新创业方面的落实情况以及教学效果。以各个区域的代表性高校为样本，采用因子分析法证明了各指标在该模型中的适用性与合理性，通过熵值法分析，对样本高校创新创业教育绩效进行综合评价。

张保花（2023）基于 FAHP，从价值塑造、知识传授和能力培养 3 个维度提出创新创业教育评价指标，并运用专家打分法和模糊层次分析法相结合的方式，构建创新创业教育教学质量评价指标体系。

王永萍（2023）基于 DEMATEL 方法，研究高校创新创业教育评价，从学校、教师、学生和社会 4 个维度构建高校创新创业教育评价指标体系，并提出 13 个影响高校创新创业教育的因素。

第三章 理论基础

第一节 教育生态系统理论

1979 年，美国杰出的人类学家、生态学心理学家布朗芬布伦纳（U. Bronfenbrenner）首次提出了"生态学"的概念。这一理论特别强调了自然环境对个体行为和心理发展的重要作用，而过去的实验研究却忽略了这一点。他相信个人是在一个稳定的、互相影响的、互动的生态体系中成长的，该系统又分为微观系统、中介系统、外部系统和宏观系统四个层次，其依据的是与个人交往的频繁度和亲近度从高到低的排序。社会生态环境包括自然生态环境、社会生态环境和标准生态环境。作为一个具有一定结构与作用的系统，教育生态系统是一个相对独立的子系统，它的构成和作用的统一性决定了它的产生和发展，也决定了它对外部条件的适应能力，同时，教育生态系统又是一个开放的系统，它与社会生态系统不断地进行着物质与能力交换，与其环境相互作用。

一、教育生态系统环境论

生态环境指的是生命活动所处的不同状态的集合。人类生态环境包括自然环境、社会环境和规范环境。与自然环境、社会环境相比，人类的规范环境与教育生态的关系更加密切，因为教育本身就是规范环境的主要构成要素——文化的一部分。从教育体系的内在生态环境来看，它也包含了三个属性各异的环境因素：自然环境（物质环境）、社会环境（结构性环境）和规范性环境（价值观环境）。吴鼎福主张，没有教育的生态，就不可能有一个共同演变的社会，而这一社会文化是一个整体。教育生态环境是指一种以教育为核心，并对其发生、生存与发展具有约束与调节功能的一种多维度的环境体系。从生态环境要素入手，探索不同类型的生态环境与教育之间的联系，以及它们之间的相互影响机理，从而发现其中的基本逻辑与普遍原则，这是教育生态学研究的基本要求与发展趋势。因为教育的客观生态是多种要素相互影响的结果。因此，要对不同层次、不同类型的教育生态进行系统的分析，对其现象、特点和规律进行分析。

二、教育生态系统结构论

生物种类、种群数量、空间分布格局及时间变异等都表现出了各自的特征与效能。教育生态体系的构成，就是教育体系中的各元素，按照教育的目的、任务和自身的特点等，在一定的时空中的相对地位，互相联系，相互联系，相互制约，发挥其特有的作用，从而对元素的总体作用产生影响。从宏观上讲，学校的生态结构包括目标结构、层次结构、地域结构和布局结构；专业的生态结构包括课程体系、学生体系和师资体系；课程的生态结构包括教学结构和学科结构等方面的内容。在这些因素的数量、质量、各自在特定时间和空间中的相对位置、相互联系和互动的体制和机理等方面，都与各个要素的总体职能和教育结构的科学性和合理性密切相关。从理论上剖析了教育的生态作用，阐明了其原理，并从根本上揭示了其根本原理。

三、教育生态系统功能论

教育的生态作用，最直接的体现就是，通过把生态意识融入教学实践之中，对人类进行环境法律和生态伦理的培养，从而使人类在整个生物圈以及大自然的生态系统中的位置得到清晰的认识。在此背景下，构建一个完整的教学生态体系，其构成与结构的变化会对其产生一定的影响。客观世界中的制度构造具有一定的持续性，其本质特性也会随之改变。吴鼎福在其《教育生态学》中将"教育生态"划分为三大基本职能：指导保障职能、传导发展职能和传承发展职能。当代社会，由于教育的生态职能发生了变化，使其具有了多样化的职能，如政治定位职能、经济发展职能、文化选择职能、科学技术职能等，以及与社会体系中其它要素的关系更加密切。在此背景下，制度函数的演变并非单纯的线性演进，而具有较强的非线性和复杂性。

四、教育生态系统原理论

作为一个自成体系的学科,教育生态学拥有其独特的理论架构和固有的规律。其中,限制因素定律构成了其基石,意味着在教育生态的广阔天地中,几乎每一个生态要素都可能成为潜在的制约力量。在教育生态系统中,能量流与信息流尤为关键,它们作为主要的限制因素,影响着整个系统的运行。

而耐度定律与最适度原则则揭示了个人与群体适应性的"界限",强调了生态因素在质与量上的和谐统一。另一方面,花盆效应揭示了封闭或半封闭教育环境可能带来的学生自我中心倾向。教育生态位原则不仅着眼于教育生态系统在社会结构中的时空位置,更涉及系统内生态群体与生态个体的层次布局,旨在促进群体与个体在不同领域内的互补与协同。此外,教育生态链、教育节律、社会群聚、生态边缘效应等概念也为我们理解教育生态系统提供了多维视角。

在创新创业教育领域,特别是创新创业教育生态系统的构建中,教育生态系统理论提供了宝贵的理论支撑。研究人员需要从整体与部分的互动中洞察创业教育的本质,深入分析各要素间的逻辑关联,探寻整体发展的规律及各要素的作用,以实现最佳的发展效果。教育生态学中的原理,如限制因子定律、花盆效应、社会群聚等,对构建创新创业教育"微生态"——课堂教学生态,具有积极的指导意义。

综上所述,教育生态系统理论启示,应将创新创业教育视为一个完整的系统。在构建这一系统时,既要深入研究其内部要素及其相互作用,又要充分关注其与外部环境的关系。如此,方能构建出既具发展性又具时代性的创业教育体系,并将其理性地应用于教育实践之中。

第二节　三螺旋模型理论

亨瑞·埃茨科瓦茨（1995）首次提出使用三螺旋模型来分析政府、产业和大学之间关系的动力学，并用以解释政府、企业和大学三者间在知识经济时代的新关系。"政府—企业—高校"三层关系构成了我国科技创新系统中的关键要素，三者之间的相互关联对知识的生成与扩散具有重要作用。在知识向生产率转变的进程中，各主体不断互动，不断地推动着创新的螺旋式增长。目前，三螺旋模型被运用于高校的创新创业研究之中。三螺旋模型的演变过程可以划分为3个阶段（图3-1）：政府、企业与高校相互制约的"约束模式"；在政府、企业、大学中实行"无为而治"的"自由放任模式"；政府－企业－大学形成的"三重螺旋模式"，"三重螺旋模式"是三螺旋结构中最为发达的一个。

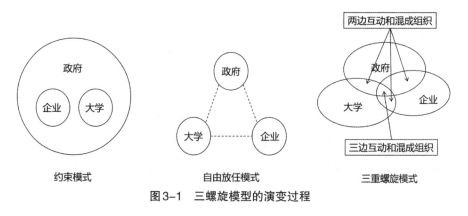

图3-1　三螺旋模型的演变过程

这一制度的特点在于，政府、大学和企业在保留各自的特点的同时，表现出另外两种制度的某些功能，即政府、大学和企业在执行常规功能的同时，还扮演着另外两种制度的角色。

这一理论最大的特色在于，它并没有特别强调3个人中哪一个才是主要的，而把重点放在了政府、行业和大学三方面的协作上，强调为他们所在的社会带来的利益是三方面的利益，政府、行业和大学的作用可以随着市场需求的变化而变化，政府、行业和大学分别扮演着领导者、组织者和参与者的角色，三者在这种动态运作中能够发挥自己的优势，与其他 3 个部门协同工作，相辅相成，互惠互利，相互交叠。

第三节　蒂蒙斯创业学理论

杰弗里·蒂蒙斯是百森商学院的"FranklinW.Olin 创业学杰出教授"，也是普莱兹 – 百森商学院教师计划的负责人，这一计划对全球范围内的企业家进行了训练。蒂蒙斯先生于 1960 年代后期开始在美国开展创业研究，在创业管理、创业融资与创业资本研究、创新课程开发与教学等方面都具有国际影响力，并已建立起一套比较完善的创业理论。

一、设定创业遗传代码

蒂蒙斯主张，适应"创业革命"时代的大学创业教育，在教育理念方面不应如此短浅。真正的创业教育应当面向未来，应当着眼于为美国的大学生"设定创业遗传代码"。他认为的"设定创业遗传代码"，就是要把比尔·盖茨那样的企业家精神、企业家精神和人格，通过一种特殊的教育方法，使之成为一种独一无二的创业特质。通过这种方式，美国才能凭借其人才资源的巨大优势，持续推进"创业革命"这个轮子，从而对美国甚至全世界的经济产生巨大的冲击。很明显，蒂蒙斯所倡导的"大学创业"思想并不带有功利色彩，而是更有远见，更能在大学中实现其社会、经济职能的思想。

二、建构创业过程模型

1999 年，蒂蒙斯在其著作《新企业的创建》（*New Venture Creation*）中介绍了一种企业家精神的经营模式。他相信，要想获得成功的创业，一定要将机遇、创业团队以及所需的各种资源完美地结合起来，使之与公司的发展达到一种动态的平衡。创业活动是一个机遇触发的活动，因此，在组建了一个新企业之后，要努力获取新企业所需要的各种资源，这样才能使新企业的成功进行。他指出，在企业发展的进程中，企业面临着机遇不确定、市场不确定、资本市场风险以及外界环境的不断改变等诸多因素的共同作用，从而导致了企业的风险不断增加。所以，企业家们需要通过自身的领导能力，创新能力和交流能力，去寻找并解决问题，并把握住要点。在创业过程中，要对创业企业的机遇、资源和团队进行适时的调整，以确保创业企业的平稳发展。在蒂蒙斯的企业家精神学说中，最为普遍接受的是企业家的历程模式，其他的学说只是对这一模式的补充、完善和量化。蒂蒙斯创业过程模型图如图3-2所示。

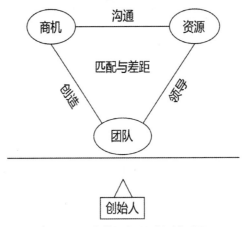

图3-2 蒂蒙斯创业过程模型图

三、蒙蒂斯创业课程框架

根据蒂蒙斯的创业教育理论，他主张将诸如修辞、艺术、人文和社会科学等通识教育课程融入创业学习中，以促进文科、理科和工科之间的相互融合。他鼓励学生跨越自身专业领域的界限，选修其他不同学科的课程。在多学科整合方面，他建议开设跨学科的创业课程，帮助学生构建一个全面的知识体系。

基于这种跨学科课程的理念，蒂蒙斯在百森商学院的创业教学计划中不仅包括了专门的创业课程，还涉及学生在校内外参与的各类与创业相关的活动和实践，以此利用学校资源，为学生提供分阶段的本科创业教育课程，打造了一个包含"课程、课外活动、研究"3个层面的创业教育生态系统，这些元素相互支持，共同促进了学生的创业能力发展。蒂蒙斯创业教育课程体系整合图如图3-3所示。

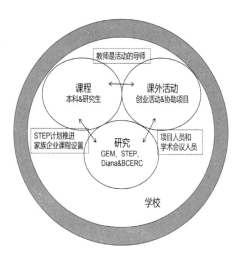

图3-3 蒂蒙斯创业教育课程体系整合图

四、让学生成为探究者

蒂蒙斯倡导一种以学生为核心的创业教学观念，将学生置于"创业变革"的前端。他主张，教育理念的创新不仅需要一套完备的课程体系作为支撑，更依赖于有效的教育方法来达成创业学习的目标。在众多教育方式中，传统的课堂授课依然是基础教育的核心形式。他着重指出，在开展创业教育时，学生应扮演积极学习者和实践者的角色，与教师、学习内容及环境相互作用，成为教学活动中的积极参与者。他摒弃了传统的以教材和教室为中心的教育模式，推崇使用诸如启发式探究、案例分析和模拟创业等互动性学习方法，通过以学生为本的实践体验，培育其创业能力。

此外，美国工程师霍尔提出的系统工程的三维结构理论和创业方盒模型等概念，为创业教育的生态系统研究提供了宝贵的指导原则。本项研究将在这些理论的指引下，力求在创业教育的生态理解、评估以及创新创业教育生态系统建设等方面取得新进展。

第四节　高校主导型创新创业教育生态系统

围绕创业教育需要的支持要素构建生态系统，往往以某一子系统为主导方，其他子系统协同参与。目前创新创业教育生态系统主要呈现地方政府主导型、行业企业主导型、高校主导型以及基层社区主导型 4 个类型。因此，高校是我国开展创业教育的主战场。开展创业教育需要建设开放的生态系统，这个系统需要由高校主导，其他子系统（政府、企业和基层社区）协同才能促进创新创业教育生态系统的持续健康运转。

一、高校主导型创新创业教育生态系统的内涵

1. 高校是开展创业教育的主要阵地。一方面，国务院办公厅下发的《关于深化高等学校创新创业教育改革的实施意见》中明确指出："深化高等学校创新创业教育改革，是国家实施创新驱动发展战略、促进经济提质增效的迫切需要，是推进高等教育综合改革、促进高校毕业生更高质量创业就业的重要举措。"另一方面，具备前沿知识储备和创新能力的大学生不仅是开创新型企业的主力军，而且是推动创意、知识和技术型产业发展的重要力量，对于促进国家经济转型、拓展新型就业岗位、建设节能环保型社会具有重要意义。

2. 创新创业教育需要开放的生态系统。MIT、斯坦福大学等一些国外高校强调创业教育的系统性和开放性，充分发挥高校的社交网络，联动校内外资源，整合课程、师资、资金、政策和创业中介组织，通过有效的协同机制实现科研、教学和产业三者之间的良性循环，从而构建了创新创业教育生态系统。有的学者将创新创业教育生态系统定义为：在创业教育实施过程中，以高校为主导，以政府和社会为辅助支撑，通过资金流动、实践对接、技术转移及文化建设等方面的相互作用，使得人才、信息、资金等"能量"在高校、政府和社会之间相互循环流动，从而共同构成的对创业教育实施效果起影响、制约作用的有机整体。由此可见，高校创业教育不能仅在高校内部完成，还需要与外部环境之间联合互动，汇

聚资金、师资、信息等社会资源，组织、项目和中心之间相互支持和协调，形成有机的统一整体，实现生态系统的良性循环发展。

3. 由高校主导可促进创新创业教育生态系统的良性运转。与美国"高校需求型创业教育"道路不同，中国在过去十余年中，大学生创业教育更多表现为政府努力推动，高校则处于相对被动的状态，走过的是一条"政府推动型创业教育"道路。事实上，创业教育在本质上是一个复杂的、以高校为推动主体的教育活动且具备经济活动性质，在培养创业人才这一核心目标的过程中，受到高校所处区域环境的各个领域、各类组织的强烈影响，例如保护与鼓励创业的政策、区域产业发展状况等。

高校作为创业人才培养的关键枢纽，若未能主动与国家创业政策接轨，并且在与市场及企业界的交流合作方面存在缺陷，则创新创业教育的各要素将处于一种孤立状态。这种情况下，创业人才培育的中坚力量———大学生可能会与社会脱节，难以获得真正的创业实践经验。如果教育仅限于书本知识的灌输和竞赛活动，创业教育的发展将会停滞不前，无法培养出大量的创业型人才。相反，如果由高校牵头，整合国家政策支持、企业资源交流以及社会团体的参与，共同构建一个协调一致的创新创业教育生态系统，那么创业教育的主要对象———大学生将得到实质性的支持和成长平台。大学生自身的发展需求一旦被激发，将成为推动高校深化创业教育的重要动力，进而促进创业教育生态系统中各个支持要素的快速发展，形成一个开放而统一的创新创业教育环境。

综上所述，高校主导型创新创业教育生态系统是以高校为主导方，其他子系统（政府、企业和基层社区）协同参与，在创业教育实施过程中的高校、政府、企业和社会是一个关联密切的有机整体，在高校内部各组成要素之间、高校与外界环境（政府、企业和社会等）之间进行稳定的能量交换，促进以高校为主体的创新创业教育生态系统的自我发展与完善。

二、高校主导型创新创业教育生态系统特征

高校主导型创新创业教育生态系统具备整体性、层级性、开放性等特征。

1. **整体性特征。**在创业教育实施的过程中，高校、政府、企业和社会各子系

统之间通过人才、信息、资金等"能量"的循环流动，形成关于创业教育这一生物主体和周围环境之间关联密切的有机整体。高校主导型创新创业教育生态系统是大学生创业教育这一生物主体与高校的内部组成要素、外部环境（政府、企业、社会）之间构成统一、复杂的网状结构，体现了系统的整体性。

2.层级性特征。高校主导型创新创业教育生态系统组成要素的多样性和相互关系的复杂性，决定了该生态系统是一个极为复杂的、多要素、多变量的层级系统。国家政策、行业企业和社会力量等外部要素宏观的影响着高校创业教育的发展；创业文化、创业管理机构和创业中心等中观要素正在统筹高校创业教育的发展；创业课程、创业师资、创业实践平台、创业资金、硬件设施等基本要素制约着高校创业教育的发展。

3.开放性特征。高校主导型创新创业教育生态系统是一个开放的循环系统，任何一个"能量"的输入都会引起输出效应。高校输出的人才、技术等"能量"输入推动企业转型，企业的资金和师资等"能量"输入提高高校创业教育效果，进而培养的人才、技术继续回馈企业；社会资金、信息等"能量"输入推动高校创业教育的人才输出，创业人才的输出又会吸引社会上更多的创业教育资源流入高校，形成良性循环；各级政府的创业教育政策、资金等"能量"驱动高校、企业以及社会上的创业组织蓬勃发展、相互拉动，最终使整个系统呈现生机勃勃的健康状态。

第四章　高校创新创业教育调研结果分析

本研究旨在研究广西高校创新创业教育发展策略。本研究的目的是：研究广西高校开展创新创业教育的现状；为广西高校开展创新创业教育提供指导；评估广西高校创新创业教育的适用性和可行性。

符号和缩写：

n 指样本组；$\overline{X}$ 指平均值；$S.D.$ 指标准差。

数据分析的呈现：

第 1 部分：受访者个人信息分析结果，按性别、学历等分类。以频率和百分比的形式呈现数据。

第 2 部分：广西高校创新创业教育发展现状分析结果。以平均值和标准差的形式呈现数据。

第 3 部分：广西高校创新创业教育发展策略访谈内容分析结果。

第 4 部分：广西高校创新创业教育发展策略的适应性和可行性评价分析结果。以平均值和标准差的形式呈现数据。

第一节　数据分析结果

研究人员对数据进行了以下 4 个部分的分析。

一、问卷调查对象个人信息分析

问卷调查的个人信息分析结果，按性别、学历等分类。以频率和百分比的形式呈现数据，见表 4-1 所列。

表 4-1 调查问卷的人数及比例

(*n* = 191)

	选项	频数	百分比 (%)
您的性别是	男	85	44.50
	女	106	55.50
	总计	191	100
您的年龄是	30岁及以下	37	19.37
	31—39岁	81	42.41
	40—49岁	67	35.08
	50—59岁	6	3.14
	总	191	100
您的学历是	本科	38	19.90
	硕士	95	49.74
	博士	58	30.37
	总计	191	100
您的职称是	初级职称及以下	30	15.71
	中级职称	73	38.22
	副高级职称	73	38.22
	正高级职称	15	7.85
	总计	191	100
您的工作年限	1—5年	43	22.51
	6—10年	78	40.84
	11—15年	52	27.23
	15年以上	18	9.42
	总计	191	100

根据表 4-1 显示，受访者中男性 85 人，占 44.5%，女性 106 人，占 55.5%。受访者年龄分布如下：30 岁及以下 37 人，占 19.37%；31—39 岁 81 人，占 42.41%；40—49 岁 67 人，占 35.08%；6 人年龄在 50—59 岁之间，占 3.14%。

从教育背景来看，本科学历 38 人，占 19.90%；硕士学历 95 人，占 49.74%；博士学历 58 人，占 30.37%。

受访者职称情况如下：初级及以下职称 30 人，占 15.71%；中级职称 73 人，占 38.22%；副高级职称 73 人，占 38.22%；正高级职称 15 人，占 7.85%。

从工作年限来看，有 1—5 年经验的受访者有 43 人，占 22.51%；有 6—10 年经验的有 78 人，占 40.84%；有 11—15 年经验的 52 人，占 27.23%；拥有 15 年以上经验的 18 人占 9.42%。

二、问卷调查结果分析

广西高校创新创业教育发展现状分析，以平均值和标准差的形式呈现数据。

根据问卷调查结果，从师资配置、理论教学、实践活动、服务平台和激励政策等 5 个方面，以平均值和标准差，分析广西高校创新创业教育发展水平。本研究使用的调查问卷是研究者为本研究专门设计的，调查结果见表 4-2、表 4-3、表 4-4、表 4-5、表 4-6、表 4-7 所列。

表 4-2　广西高校创新创业教育发展现状 5 个方面的平均值和标准差

（ n=191）

广西高校创新创业教育发展	平均值	标准差	水平	排序
师资配置	3.71	0.73	较高	4
理论教学	3.63	0.73	较高	5
实践活动	3.84	0.67	较高	1
服务平台	3.75	0.73	较高	3
激励政策	3.82	0.70	较高	2
总	3.75	0.71	较高	

从表 4-2 数据可以看出，广西高校创新创业教育现状在 5 个方面处于较高水平（ $\overline{X}$ =3.75）。从研究结果来看，从高到低依次为：实践活动水平最高（ $\overline{X}$ = 3.84），激励政策水平次之（ $\overline{X}$ = 3.82），理论教学水平最低（ $\overline{X}$ =3.63）。

表4-3　高校创新创业教育师资配置现状分析结果

(*n*=191)

	师资配置	平均值	标准差	水平	排序
1	管理者聘任数量足够的教师以满足创新创业教育需要	3.99	0.59	较高	1
2	管理者聘任能力素质高的教师满足创新创业教育需要	3.96	0.53	较高	3
3	管理者聘任校外优秀企业家、校外专家和创业典范担任创新创业教师	3.99	0.59	较高	1
4	管理者聘任具有一定的企业实践或创业经历的校内教师担任创新创业教师	3.86	0.71	较高	5
5	管理者对教师有明确的选拔和聘用标准	3.72	0.73	较高	6
6	管理者建设有专兼结合、结构合理的创新创业教育教师队伍	3.14	1.04	中	12
7	管理者建设创新创业导师库,并制定相应管理规范	3.48	0.79	中	11
8	管理者开展创新创业教育相关培训,推动教师把国际前沿学术、最新研究成果和实践经验融入课堂教学	3.53	0.77	较高	10
9	管理者邀请专家、学者、优秀企业人士以及成功的创业者开展的创新创业教育培训讲座	3.90	0.71	较高	4
10	管理者每年组织教师到企业进行培训,及时了解行业新动态,学习各类行业新知识	3.55	0.77	较高	9
11	管理者制定科学有效的评价考核	3.67	0.75	较高	8
12	管理者成立专门的监督部门,以保证创新创业教育过程的不断完善	3.71	0.75	较高	7
	总计	3.71	0.73	较高	

从表4-3数据可以看出,广西高校创新创业教育师资配置现状处于较高水平($\overline{X}$ =3.71)。考虑到研究结果,从最高到最低级别的方面如下:最高平均值是聘任数量足够的教师($\overline{X}$ =3.99),聘任校外优秀企业家、校外专家和创业典范担任创新创业教师($\overline{X}$ =3.99),最低平均值是有专兼结合、结构合理的创新创业教育教师队伍($\overline{X}$ =3.14)。

表 4-4　高校创新创业教育理论教学现状分析结果

(*n*=191)

	理论教学	平均值	标准差	水平	排序
1	管理者将创新创业教育融入了人才培养全过程	3.42	0.76	中	11
2	管理者开设丰富的必修与选修等有机融合的创新创业教育课程	3.99	0.55	较高	1
3	管理者开设丰富的理论与实践等有机融合的创新创业教育课程	3.96	0.58	较高	2
4	管理者建立创新创业教育案例库	3.48	0.83	中	10
5	管理者建设创新创业教育慕课、视频公开课等在线开放课程	3.80	0.73	较高	3
6	管理者提供的创新创业课程教材质量高,具有丰富性、启发性和多元性	3.61	0.74	较高	8
7	管理者将创新创业教育融入专业教育,打造"专创融合"特色课程	3.08	0.95	中	12
8	管理者组织开展创新创业课程教改研讨活动	3.49	0.74	中	9
9	管理者制定合理、公平的课程考核方式	3.63	0.72	较高	6
10	管理者注重在课堂教学中提高学生们的参与程度	3.76	0.72	较高	4
11	管理者注重应用有效教学方法,如谈话法、研讨法、情景陶冶法、案例教学法等	3.64	0.68	较高	5
12	管理者注重创造"综合的、体验式的学习环境"	3.63	0.71	较高	7
	总计	3.63	0.73	较高	

根据表 4-4 数据表明,当前高校创新创业教育理论教学处于较高水平($\overline{X}$ =3.63)。其中,开设丰富的必修与选修等有机融合的创新创业教育课程($\overline{X}$ =3.99)和开设丰富的理论与实践等有机融合的创新创业教育课程($\overline{X}$ =3.96)是平均值最高的 2 个,平均值最低的是将创新创业教育融入专业教育($\overline{X}$ =3.08)。

表 4-5　高校创新创业教育实践活动现状分析结果

(*n*=191)

	实践活动	平均值 r	标准差 r	水平	排序
1	管理者组织开展创新创业的社会实践活动	3.96	0.56	较高	5
2	管理者组织举办或引导学生积极参加各类大学生创新创业大赛	4.15	0.57	较高	1
3	管理者组织开展创新创业训练计划项目	4.15	0.59	较高	1
4	管理者举办创新创业讲座、报告会、论坛、文化节等活动	4.09	0.51	较高	3
5	管理者鼓励学生创办或加入创新创业社团，如创新创业协会、创业俱乐部	4.01	0.58	较高	4
6	管理者向师生开放校内科技创新资源	3.46	0.78	中	9
7	管理者鼓励学生参与教师的科研创新课题	3.91	0.68	较高	6
8	管理者建设有校外实践教育基地	3.91	0.63	较高	7
9	管理者为师生提供与企业交流的机会	3.67	0.82	较高	8
10	管理者建设一批满足师生需求的校企合作实践基地	3.13	1.02	中	10
	总计	3.84	0.67	较高	

从表 4-5 数据可以看出，当前高校创新创业教育实践活动处于较高水平（$\overline{X}$ =3.84）。从研究结果来看，平均值最高的是参加各类大学生创新创业大赛"和"开展创新创业训练计划项目（$\overline{X}$ = 4.15），平均值最低的是建设校企合作实践基地（$\overline{X}$ =3.13）。

表4-6　高校创新创业教育服务平台现状分析结果

（ *n*=191 ）

	服务平台	平均值	标准差	水平	排序
1	管理者建设有校内创新创业平台，如众创空间、创业孵化园等	4.03	0.65	较高	1
2	管理者建设专业实验室、虚拟仿真实验室、创业实验室和训练中心，基本覆盖相关专业	3.80	0.69	较高	6
3	管理者建设有校外实训平台	3.75	0.75	较高	7
4	管理者为师生提供创业信息与咨询服务	3.69	0.75	较高	9
5	管理者为师生提供技术支持和专业指导	3.61	0.76	较高	10
6	管理者建设有完善的创新创业管理机构	3.06	1.13	中	11
7	管理者为学生初创企业提供经费、场地等支持	3.70	0.76	较高	8
8	管理者制定有效的创新创业平台运行机制	3.87	0.60	较高	5
9	管理者制定有入驻创新创业平台的选拔、退出机制	3.98	0.58	较高	2
10	管理者制定有入驻创新创业平台的考核管理机制	3.91	0.61	较高	3
11	管理者鼓励师生积极参与学校服务平台的管理	3.90	0.73	较高	4
	总计	3.75	0.73	较高	

从表4-6可以看出，高校创新创业教育服务平台现状处于较高水平（ $\overline{X}$ =3.75 ）。从研究结果来看，平均值最高的是建设有校内创新创业平台（ $\overline{X}$ = 4.03 ），其次是"有入驻平台的选拔、退出机制（ $\overline{X}$ = 3.98 ），平均值最低的是有完善的创新创业管理机构（ $\overline{X}$ = 3.06 ）。

表 4-7　高校创新创业教育激励政策现状分析结果

(*n*=191)

	激励政策	平均值	标准差	水平	排序
1	管理者建立创新创业教育工作机制,明确专人负责,定期研究相关工作	4.01	0.56	较高	3
2	管理者建立创新创业教育激励机制,将指导学生参赛获奖作为教师工作量认定、职称晋升、考核评优等方面的重要依据	4.03	0.58	较高	2
3	管理者允许教师创业,去企业挂职、兼职等	3.97	0.62	较高	4
4	管理者宣传优秀教师的先进事迹	3.53	0.79	较高	9
5	管理者出台弹性学制相关规定,允许学生休学创新创业	3.94	0.72	较高	6
6	管理者制定公平、有效的创新创业评价体系,激发师生的创新创业活力	3.13	1.08	中	10
7	管理者设立专项资金,支持创新创业教育教学、大学生创新创业训练计划,资助学生创新创业,奖励创新创业大赛获奖项目	4.04	0.60	较高	1
8	管理者设立创新创业教育专项科研课题	3.92	0.68	较高	7
9	管理者将学生创新创业成果作为学生评先评优、提前毕业、免试升学等工作的重要依据并予以认定加分	3.95	0.61	较高	5
10	管理者形成一些具有本校特色的创新创业教育成果	3.68	0.81	较高	8
	总计	3.82	0.70	较高	

根据表 4-7,数据显示当前高校创新创业教育在激励政策方面处于较高水平

($\overline{X}$ =3.82)。从研究结果来看,平均值最高的是设立专项资金($\overline{X}$ = 4.03),其次是建立创新创业教育激励机制($\overline{X}$ =4.03),平均值最低的是"制定公平、有效的创新创业评价体系($\overline{X}$ = 3.13)。

第二节 访谈内容分析

广西高校创新创业教育发展策略实施与分析结果。根据问卷调查的结果,广西高校创新创业教育在以下方面还需进一步提高:结构合理的教师队伍,创新创业教育与专业教育融合,校企合作实践基地,创新创业管理机构,和评价体系等方面。

本研究对广西高校 10 名人员进行访谈,了解广西高校创新创业教育的现状。受访者必须满足以下条件:具有 6 年以上高校中层管理人员工作经验;具有丰富的创新创业教育经验;硕士及以上学历。受访者名单见表 4-8 所列。

表 4-8 受访者个人信息

访谈对象	教育背景	访谈日期	访谈时间
1	学位:博士 专业领域:教育管理 工作经验:11 年	2023 年 12 月 5 日	上午 9:00 50 分钟
2	学位:博士 专业领域:教育管理 工作经验:9 年	2023 年 12 月 5 日	上午 10:30 45 分钟
3	学位:硕士 专业领域:创新创业教育 工作经验:9 年	2023 年 12 月 6 日	下午 3:00 50 分钟
4	学位:硕士 专业领域:创新创业教育 工作经验:8 年	2023 年 12 月 6 日	下午 5:00 45 分钟
5	学位:硕士 专业领域:经济管理 工作经验:17 年	2023 年 12 月 7 日	上午 9:00 50 分钟
6	学位:硕士 专业领域:教育管理 工作经验:17 年	2023 年 12 月 8 日	上午 11:00 45 分钟
7	学位:硕士 专业领域:教育管理 工作经验:17 年	2023 年 12 月 8 日	下午 3:00 40 分钟

续表

访谈对象	教育背景	访谈日期	访谈时间
8	学位：硕士 专业领域：教育管理 工作经验：13年	2023年12月8日	下午4:30 50分钟
9	学位：硕士 专业领域：创新创业教育 工作经验：12年	2023年12月9日	上午10:00 40分钟
10	学位：硕士 专业领域：创新创业教育 工作经验：15年	2023年12月9日	上午11:00 50分钟

根据表4-8，本研究采访了10名广西高校人员，以了解广西高校创新创业教育的现状，研究人员根据访谈进行内容分析。具体访谈内容如下。

一、问题1

广西高校创新创业教育中，建设专兼结合、结构合理的教师队伍现状如何？如何推进创新创业教育教师队伍建设？

（一）访谈实录

访谈对象1

目前高校创新创业教育师资的问题在于缺乏具有实践经验的教师。具有企业实践或创业经历的教师在创新创业教育中能够给予学生更加实用和有价值的指导和帮助。

完善师资引进机制。高校应该加大引进优秀人才的力度，吸引更多具有创新思维和创业经验的教师加入到创新创业教育中来。高校应该引进具有丰富实践经验的教师，同时加强现有教师的培训和实践经验的积累。只有具备实践经验的教师才能更好地指导学生进行创新创业实践。高校应该加强与企业界的合作，吸引更多具有实践经验的教师加入到创新创业教育中来。同时，高校应该建立完善的培训体系和激励机制，鼓励教师积极参与企业实践或创业活动。

访谈对象2

目前广西高校创新创业教育师资配置存在一定的不足，主要表现在教师数量不足、教师素质参差不齐、缺乏实践经验等方面。应该加大引进优秀人才的力度，建立完善的培训体系，提高教师的专业素质和实践能力。同时，应该鼓励教师参与企业实践，增强对市场的敏感度和洞察力。

师资共享机制。鼓励专业教师参与创新创业教育活动，同时引进具有创新创业经验的教师或企业家担任兼职教师，形成师资共享机制。具有企业实践或创业经历的教师能够更好地理解市场需求和商业运作，为学生提供更加实用和有价值的指导。高校应该鼓励教师参与企业实践或创业活动，增强教师的实践经验和市场洞察力。同时，高校应该建立完善的培训体系和激励机制，提高教师的专业素质和实践能力。

访谈对象3

目前广西高校中具有企业实践或创业经历的教师数量较少，这主要是因为高校缺乏有效的激励机制和合作机制。建立激励机制，高校出台相关政策鼓励教师参与企业实践或创业活动，创新师资管理模式。

强化师资培训。高校应该定期组织教师进行创新创业教育培训，提高教师的专业素质和实践能力。同时，应该建立有效的激励机制，鼓励教师积极参与创新创业教育，提高教师的积极性和创造性。加强师资交流与合作，高校应该加强与企业的合作和交流活动，为教师提供更多的实践机会和资源。

访谈对象4

现有的创新创业教育师资队伍中，师资结构不合理。大多数教师缺乏实际的创新创业实践经验，主要以理论教学为主。这导致在创新创业教育中难以提供有效的实践指导和支持，影响了教育效果。

构建跨学科师资团队。鼓励不同学科背景的教师组建跨学科师资团队，发挥各自的专业优势，共同推进创新创业教育。通过跨学科合作，可以培养学生的综合素质和创新能力。更好地指导学生理解创业的全过程，包括但不限于市场调研、产品设计、融资、运营和市场推广等。同时，他们可以提供实际的案例分析，帮助学生避免常见的创业陷阱。高校应设立专项基金，鼓励教师参与创业项目，或者设立创业导师制度，让有创业经验的教师辅导学生的创业实践。

访谈对象 5

目前广西高校创新创业教育师资配置存在的主要问题是教师数量不足和教师素质参差不齐，具有企业实践或创业经历的教师数量较少。应该加大引进优秀人才的力度，建立完善的培训体系和激励机制，提高教师的专业素质和实践能力。同时，应该鼓励教师积极参与企业实践和业界交流活动，增强教师的市场敏感度和洞察力。

创新师资管理模式。探索建立灵活的师资管理模式，如兼职教师、客座教授等，吸引更多的优秀人才参与创新创业教育中来。同时，要加强师资管理的规范化和信息化，提高管理效率和质量。许多教师都有发明专利或创新产品，这些都可以作为教学资源。高校应鼓励教师将创新实践与教学实践相结合，通过案例教学、实践项目教学等方式，培养学生的创新思维和创新能力。同时，高校可以与当地的创新中心或企业合作，提供平台和资源，支持教师的创新实践。

访谈对象 6

目前许多高校教师缺乏创业经验和创新思维，导致其在创新创业教育中难以给予学生有效的指导和帮助。具有企业实践或创业经历的教师能够更好地指导学生进行创新创业实践。

加强师资交流与合作。鼓励教师参加国内外创新创业教育研讨会、交流活动等，拓宽视野、交流经验。通过加强师资交流与合作，可以推动广西高校创新创业教育的国际化发展，为教师提供更多的实践机会和资源。高校应该加强与创业孵化器和投资机构的合作，鼓励教师参与创业项目和投资活动，增强教师的创业经验和创新思维。同时，高校应该加强与业界的联系和交流活动，及时了解创业动态和市场变化，为学生提供更加贴近市场的创新创业教育。

访谈对象 7

目前许多高校教师缺乏实践经验和企业经验，导致其在创新创业教育中难以给予学生有效的指导和帮助。高校应该加强与业界的联系，及时了解行业动态和市场变化，为学生提供更加贴近市场的创新创业教育。

加强产学研合作。高校应该出台相关政策，鼓励教师参与企业实践或创业活动，加强与企业的合作，鼓励教师参与企业实践，增强教师的实践经验和市场洞察力。同时提供资金和资源支持。同时,高校应该加强与企业的合作和交流活动,为教师提供更多的实践机会和资源。

访谈对象8

广西高校创新创业教育师资配置的问题在于缺乏具有创新思维和创新能力的教师。高校应该加强教师的创新能力培养,鼓励教师进行创新实践和研究,提高教师的创新意识和创新能力。同时,应该建立有效的激励机制,鼓励教师积极参与创新创业教育,推动创新创业教育的深入开展。

加强产学研合作。具有企业实践或创业经历的教师能够更好地理解市场需求和商业运作,为学生提供更加实用和有价值的指导。高校应该加强与企业界的合作和交流活动,鼓励教师积极参与企业实践或创业活动。同时,高校应该建立完善的培训体系和激励机制,提高教师的专业素质和实践能力。此外,政府应该制定相关政策支持高校开展创新创业教育。

访谈对象9

在广西高校中,对创新创业教育教师的激励和评价机制尚不完善。这导致一些教师对创新创业教育的投入不足,缺乏积极性和创新性。

建立激励机制。高校应该出台相关政策,鼓励教师参与企业实践或创业活动,同时提供资金和资源支持。同时,高校应该加强与企业的合作和交流活动,为教师提供更多的实践机会和资源,提高教师的专业素质和实践能力。推进创新创业教育师资配置需要政府、高校和企业共同努力。政府应该出台相关政策支持高校引进优秀人才和加强与企业的合作,同时提供资金支持高校开展创新创业教育。高校应该建立完善的培训体系和激励机制,提高教师的专业素质和实践能力,鼓励教师积极参与创新创业教育。企业应该积极参与高校的创新创业教育,为教师和学生提供实践机会和资源,共同推动创新创业教育的深入开展。

访谈对象10

广西高校创新创业教育师资配置的问题在于缺乏系统的培训体系和激励机制。高校应该加强与企业的合作,鼓励教师参与企业实践或创业活动,增强教师的实践经验和市场洞察力,提高教师的专业素质和实践能力。

强化师资培训和激励机制。鼓励教师积极参与企业实践或创业活动。政府应该出台相关政策支持高校开展创新创业教育。强化师资培训，通过定期的培训和交流活动，提高教师的专业素质和实践能力。同时，应该建立有效的激励机制，鼓励教师积极参与创新创业教育，提高教师的积极性和创造性。

（二）访谈总结

总的来说，建议从8个措施推进广西高校创新创业教育师资配置。

（1）完善师资引进机制。高校应根据自身的学科特点和发展需求，制定灵活的引进政策，吸引具有创新创业经验和能力的优秀人才。同时，要注重引进人才的学科交叉背景和实践经验。

（2）师资共享机制。鼓励专业教师参与创新创业教育活动，同时引进具有创新创业经验的教师或企业家担任兼职教师，形成师资共享机制。

（3）强化师资培训。建立系统的师资培训体系，包括创新创业理论、教学方法、实践经验等多个方面。可以邀请业界专家、成功创业者等进行授课或讲座，提高教师的创新创业素养。

（4）构建跨学科师资团队。鼓励不同学科背景的教师组建跨学科师资团队，发挥各自的专业优势，共同推进创新创业教育。通过跨学科合作培养学生的综合素质和创新能力。

（5）创新师资管理模式。探索建立灵活的师资管理模式，如兼职教师、客座教授等，吸引更多的优秀人才参与创新创业教育中来。同时，要加强师资管理的规范化和信息化，提高管理效率和质量。

（6）加强师资交流与合作。鼓励教师参加国内外创新创业教育研讨会、交流活动等，拓宽视野、交流经验。通过加强师资交流与合作推动广西高校创新创业教育的国际化发展。

（7）加强产学研合作。高校应与企业、科研机构等建立紧密的合作关系，共同开展创新创业教育和研究。通过产学研合作，教师可以获得更多的实践机会和资源，提高自身的创新创业能力。

（8）建立激励机制。通过设立奖励基金、提供研究经费、晋升机会等方式，激发教师参与创新创业教育的积极性。同时，要完善评价体系，将创新创业教育成果纳入教师考核和晋升的重要指标。

二、问题2

广西高校创新创业教育中,创新创业教育融入专业教育的现状如何?如何推进创新创业教育和专业教育融合?

(一)访谈实录

访谈对象1

目前广西高校在将创新创业教育融入专业教育方面还处于初级阶段。尽管有些高校已经开始尝试将两者结合,但总体上融合程度仍然较低。这主要体现在课程设置上,创新创业课程往往作为独立的模块存在,而未能与专业核心课程紧密相连。此外,教师团队中具备创新创业实践经验的人才相对较少,这也限制了创新创业教育与专业教育的融合。

构建多元化课程体系。根据不同专业和学科特点,构建包括创新创业理论、实践技能、案例分析等多元化的课程体系,确保课程内容与专业教育紧密结合。推进创新创业教育与专业教育融合发展,首先需要打破两者之间的壁垒。在专业课程设置中融入创新创业元素,例如引入实际问题解决、案例分析等,让学生在学习过程中培养创新思维。同时,专业教师也应具备创新创业教育的意识和能力,以便更好地指导学生。

访谈对象2

目前广西高校在创新创业教育融入专业教育方面还存在一些挑战。一方面,传统的专业教育注重理论知识的传授,而创新创业教育则更加注重实践能力的培养,如何将两者有机结合是一个难题。另一方面,高校在创新创业教育方面的投入和资源配置还有待加强,包括师资、课程、实践基地等方面。

实施跨学科教学模式。鼓励开展跨学科教学,打破专业壁垒,促进不同学科之间的交流和合作,培养学生的综合素质和创新能力。如在商学院,可将创新创业教育与商科专业教育相结合,通过开设创业管理、商业模式创新等课程,让学生在学习商科知识的同时,也了解创新创业的过程和技巧。此外,还鼓励学生参与商业实践项目,将理论知识应用于实际中。

访谈对象 3

目前学校提供的创新创业课程与学生所学的专业课程之间缺乏紧密的联系。希望能够让学生在专业学习中更多地接触到与创新创业相关的内容，比如案例分析、实践项目等，这样可以帮助学生更好地理解如何将创新创业思维应用于专业领域。

深化校企合作。加强与企业的合作，共同制定培养方案，开展联合培养，为学生提供实习实训和就业创业机会，促进专业教育与创新创业教育的融合。推进创新创业教育与专业教育融合发展非常有必要。能够在学习专业知识的同时，也了解如何将这些知识应用于创新创业中。学校可以通过组织创新创业竞赛、开设创新创业实践课程等方式，提供更多的实践机会。

访谈对象 4

高校能够按照国家的要求，对培养方案进行调整和完善，设置创新教育课程，赋予相应的学分。但课程开设类型少，缺乏整体性设计；有的创业教育课程的教学效果不理想，理论与实践结合的不够紧密，两层皮现象存在。

完善实践教学体系。增加实践教学比重，建设创新创业实践基地，提供丰富的实践机会，让学生在实践中学习创新创业知识和技能。高校推进创新创业教育与专业教育的融合。通过改革课程体系、增加实践环节、开展校企合作等方式，让学生在学习专业知识的同时，也能培养创新创业的能力。企业非常看重应聘者的专业背景和创新创业能力。因此，高校在推进创新创业教育与专业教育融合发展时，应注重培养学生的综合素质。建议高校加强与企业的合作，了解企业的需求，有针对性地开展创新创业教育和实践活动。

访谈对象 5

高校创业教育课程开设效果一般，未能真正将创业理论有效地传授给学生。教师理论水平有限，学生积极性不高，平时考核和终结性考试过于松散，对学生没有有效的约束力，只要出勤都能通过。没有意识到创新创业教育对人才培养的重要性，思维观念没有彻底的转变过来参加创业课程后，学生并没有明显地感受到自己知识能力得到明显提升。

实施跨学科教学模式。鼓励开展跨学科教学，打破专业壁垒，促进不同学科之间的交流和合作，培养学生的综合素质和创新能力。将创新创业教育融入专业教育需要关注两个方面：一是课程内容的设计，要确保创新创业元素与专业知识的有机结合；二是教学方法的改进，要采用更加灵活多样的教学方式来激发学生的学习兴趣和创新精神。只有这样，才能真正实现创新创业教育与专业教育的深度融合。

访谈对象 6

在高校中实施的创业教育面临若干挑战。首先，创业课程尚未形成一个完整的系列体系；其次，专业课程与创业课程之间的融合程度不够深入；再者，创业课程的理论教学与实践应用之间存在脱节现象。这些问题导致课堂教学效果不尽如人意。主要的问题在于，承担创业教育的教师往往缺乏对创业理论的深入研究，同时也缺少实际创业的经验，这导致他们在专业性和全职投入方面都不足。此外，理论教学与实际操作之间的断裂进一步削弱了教学成效。

强化课程融合创新。设计跨学科的课程，将创新创业理念、方法和工具融入专业教育课程体系中，使两者在教学内容上相互渗透、相互支撑。高校在推进创新创业教育融入专业教育时，应该更加注重实践性和应用性。比如，可以通过与企业合作开展项目式学习、实习实训等方式，让学生在实际操作中体验创新创业的过程。可以促进学生将知识应用于创新创业实践中。通过开展科研项目、与企业合作等方式，让学生在实践中学习如何将化学知识转化为实际应用。同时，还应注重培养学生的创新思维和创业精神。

访谈对象 7

创业教育课程体系建设尚不完善，专创融合课程开发数量不足。纳入学分管理，建设依次递进、有机衔接、科学合理的创新创业教育专门课程群不完善，尤其是专创融合课程。

构建多元化课程体系。可以通过引入实际设计项目、与企业合作等方式，让学生在实践中学习如何将创意转化为商业价值。同时，也应注重培养学生的创新思维和创业能力，使其在未来的职业生涯中更具竞争力。如在艺术学院中推进创新创业教育与专业教育的融合，通过鼓励学生参与文化创意产业项目、开展艺术创业实践等方式来增强学生的创新创业能力。同时，高校也应该为艺术类学生提供更多的创新创业平台和资源支持。

访谈对象 8

在当前的高等教育环境中，创新创业教育课程的运作机制尚待优化。众多高校尚未构建起的创新创业教育框架、互动式发展模式以及必要的支持系统。创新创业教育的实施过程往往与其他课程无异，导致大学在这一领域的努力显得孤立无援。此外，创新创业教育的课程定位存在模糊性。很少有大学将创新创业教育作为管理学类下的一个子学科来自主设立。这种边缘化的学科地位使得许多高校未能将创新创业能力的培养纳入到高等教育人才培养体系中去。

完善课程运行机制。提高学生创业技能，深化创新创业教育理念，落实创业政策制度，丰富学生创业活动实践。推进创新创业教育融入专业教育，包括课程设置、师资团队、实践基地、部门协助、校企合作等多个方面。只有这些方面都得到充分的发展和支持，才能真正实现创新创业教育与专业教育的有机融合。

访谈对象 9

高校创新创业教育课程体系不健全，从课程开设情况来看，各高校基本都能够开设了创新创业基础类的通识必修课程，选修课程非常有限，开设专业创新创业教育课程的多集中于信息技术、经管商务、移动互联等专业类中，文史哲法等专业类几乎没有。

构建多元化课程体系。根据不同专业和学科特点，构建包括创新创业理论、实践技能、案例分析等多元化的课程体系，确保课程内容与专业教育紧密结合。推进创新创业教育与专业教育的融合需要全校各学院的共同参与和努力。可以通过建立跨学科的创新创业教育团队、开展全校性的创新创业竞赛等方式来推动这一进程。同时，也需要加强与外部机构的合作与交流，借鉴国内外先进的创新创业教育理念和实践经验来不断提升教育水平。

访谈对象 10

创业教育课程运行评价机制欠缺。高校多持结果性评价观，重显性数量型结果而忽视隐性激发过程。课程评价同于其他课程，忽视创业教育课程特性。评价主体单一，评价内容中对学生创新意识及创业能力的评判非常有限。

构建创新创业评价体系。建立科学、合理的创新创业评价体系，将创新创业能力纳入学生综合素质评价体系，激励学生积极参与创新创业活动。推进创新创业教育与专业教育融合发展，可以帮助学生更好地掌握创新创业的理论知识和实践技能。可以通过引入实际案例、开展模拟创业等方式，让学生在学习过程中培养创新创业思维。同时，还应注重培养学生的团队协作能力和沟通能力等综合素质。

（二）访谈总结

总的来说，建议从 7 个措施推进广西高校创新创业教育与专业教育融合发展。

（1）构建多元化课程体系。根据不同专业和学科特点，构建包括创新创业理论、实践技能、案例分析等多元化的课程体系，确保课程内容与专业教育紧密结合。

（2）强化课程融合创新。设计跨学科的课程，将创新创业理念、方法和工具融入专业教育课程体系中，使二者在教学内容上相互渗透、相互支撑。

（3）完善实践教学体系。增加实践教学比重，建设创新创业实践基地，提供丰富的实践机会，让学生在实践中学习创新创业知识和技能。

（4）实施跨学科教学模式。鼓励开展跨学科教学，打破专业壁垒，促进不同学科之间的交流和合作，培养学生的综合素质和创新能力。

（5）深化校企合作。加强与企业的合作，共同制订培养方案，开展联合培养，为学生提供实习实训和就业创业机会，促进专业教育与创新创业教育的融合。

（6）构建创新创业评价体系。建立科学、合理的创新创业评价体系，将创新创业能力纳入学生综合素质评价体系，激励学生积极参与创新创业活动。

（7）完善课程运行机制。完善课程设置、师资团队、实践基地、部门协助、校企合作等多个方面，提高学生创业技能，深化创新创业教育理念，落实创业政策制度，丰富创业活动实践。

三、问题3

广西校企合作创新创业教育实践基地建设现状如何？如何推进广西创新创业教育校企合作实践基地建设？

（一）访谈实录

访谈对象 1

创新创业实践活动与市场需求并不匹配，这导致学生在实践中难以获得实际成效。高校需要更多地了解市场需求，将实践内容与行业发展趋势相结合。校企双方在人才培养标准上存在差异。导致企业在招聘时需要花费更多时间和精力进行二次培训。学校能够更多地了解企业需求，制定更符合企业实际的人才培养方案。

推动产学研一体化发展。促进高校与企业在科技创新、成果转化等方面的合作，推动产学研一体化发展，提高实践基地的科研水平和创新能力。作为高校，首先要明确自身的定位和责任。需要主动与企业沟通，了解他们的需求，寻找合作的契合点。同时，也需要调整课程设置，加强实践教学，培养学生的实践能力和创新精神。

访谈对象 2

学生参与创新创业实践活动的积极性不高，部分学生对创新创业缺乏兴趣和动力。

加强实践指导和资源支持。创新创业实践活动对于创业者的成长和发展具有非常重要的作用。加强对学生创新创业意识的培养，激发他们的创造力和创新精神。为学生提供更多的实践机会和指导服务，帮助他们更好地实现创业梦想。

访谈对象 3

目前，实践形式主要以竞赛和项目为主，缺乏多样化的实践形式。应该尝试引入更多的实践形式，如实习实训、企业参观等，让学生从不同角度了解创新创业的全过程。

加强创新创业文化建设。在高校和企业中营造浓厚的创新创业文化氛围，激发学生的创新创业热情，提高实践基地的吸引力和影响力。推进广西创新创业教育校企合作实践基地建设的关键在于建立长效机制。高校和企业需要建立稳定的合作关系，共同制定人才培养方案和实践教学计划，确保实践基地的可持续发展。

访谈对象 4

学生在参加创新创业实践活动时，缺乏有效的实践指导。学校与行业协会之间的合作还不够紧密，需要加强沟通和协调。企业与学校合作，共同开展行业人才培养和创新创业活动。

加强实践指导和资源支持。指导老师为学生提供更多的实践指导和帮助，让学生在实践中更好地掌握相关知识和技能。行业协会可以发挥桥梁和纽带的作用，促进高校与企业之间的合作。可以组织行业内的企业和高校进行交流，分享经验和资源，共同推动创新创业教育的发展。

访谈对象 5

学生的实践资源有限，缺乏足够的资金和设备支持。学校与企业的合作对于创业者的支持还不够充分。这限制了实践活动的规模和效果。希望能够得到更多的资源和支持，推动社团的持续发展。希望能够得到更多来自学校和企业的资源和支持，帮助学生更好地实现创业梦想。

加强政策引导和资金支持。制定相关的政策，鼓励和引导广西的高校与企业进行合作，共同建设实践基地。同时，政府应提供资金支持，用于实践基地的基础设施建设、设备购置和人才培养等方面。

访谈对象 6

学生在参加创新创业实践活动时往往缺乏实际操作经验，对创新创业的全过程了解不够深入。企业与高校的合作主要是提供实习机会和就业岗位，但合作深度还不够。

加强实践指导和资源支持。学校加强与企业的合作，制定更加系统的教学计划，确保理论与实践相结合。为学生提供更多的实际操作机会。企业能够更多地参与学校的课程设计和人才培养方案中，共同培养出更符合企业需求的人才。社团可以组织更多的创新创业活动和实践项目，帮助学生积累实践经验，同时促进校内外的交流与合作。

访谈对象 7

实践基地的管理不够完善，校企双方管理的效果不佳。广西高校在创新创业实践活动中，不应该仅是关注实践成果，应该更加注重培养学生的创新思维和创业能力。

完善实践基地管理体制。建立科学的管理体制和运行机制，明确各方职责和权益，确保实践基地的高效运行和持续发展。学校与企业合作建设更多的实践基地，让学生有更多机会接触到实际工作场景和实际问题。这样才能更好地将理论知识与实践相结合，提升自己的创新创业能力。同时，还需要加强对学生的创业教育，帮助他们了解创业的风险和挑战。

访谈对象 8

对于实践活动和实践基地的建设少有评价和反馈机制。高校正在努力完善创新创业实践活动的管理机制，加强对实践活动的监督和评估。

建立评价与反馈机制。建立实践基地的评价与反馈机制，定期对实践基地的运行情况进行评估和总结，及时发现问题并进行改进。同时，还将加强与企业的合作，为学生提供更多的实践机会和资源支持。

访谈对象 9

对高校创业园的重视程度不够。高校创业园应该成为创新创业实践活动的重要平台之一。应该充分利用创业园的资源优势，为学生提供更多的创新创业实践机会和指导服务。

加强政策引导和资金支持。鼓励和支持高校与企业合作建设实践基地。充分利用创业园的资源优势，为学生提供更多的创新创业实践机会和指导服务。同时，政府还应该提供资金支持和税收优惠等措施，降低合作成本，提高合作积极性。

访谈对象 10

目前，学校与企业在技术研发方面的合作还不够紧密，双方在创新资源共享方面的合作还不够深入，在科研合作方面的机制还不够完善。高校与企业的合作主要是单向的，即企业提供资源和支持，学校负责人才培养。高校与企业的合作主要是建立在教师个人的关系上，缺乏长期稳定的合作机制。这导致合作的不确定性和不连续性，影响了实践基地的建设和发展。

深化校企合作模式。推动高校与企业建立紧密的合作关系，实现资源共享、优势互补。建立一种双向互动的合作模式，实现资源共享和互利共赢。可以探索建立校企联合实验室、研发中心等，共同开展技术研发和人才培养。企业能够与学校共享技术研发资源，共同开展技术研发项目。校企共享创新资源和成果，共同推动行业技术创新和产业升级。

（二）访谈总结

总的来说，建议 7 个措施推进广西创新创业教育校企合作实践基地的建设。

（1）加强政策引导和资金支持。制定相关的政策，鼓励和引导广西的高校与企业进行合作，共同建设实践基地。同时，政府应提供资金支持，用于实践基地的基础设施建设、设备购置和人才培养等方面。

（2）加强实践指导和资源支持。学校加强与企业的合作，制定更加系统的教学计划，确保理论与实践相结合，为学生提供更多的实际操作机会。指导老师为学生提供更多的实践指导和帮助，让学生在实践中更好地掌握相关知识和技能。

（3）深化校企合作模式。推动高校与企业建立紧密的合作关系，实现资源共享、优势互补。可以探索建立校企联合实验室、研发中心等，共同开展技术研发和人才培养。

（4）完善实践基地管理体制。建立科学的管理体制和运行机制，明确各方职责和权益，确保实践基地的高效运行和持续发展。

（5）推动产学研一体化发展。促进高校与企业在科技创新、成果转化等方面的合作，推动产学研一体化发展，提高实践基地的科研水平和创新能力。

（6）加强创新创业文化建设。在高校和企业中营造浓厚的创新创业文化氛围，激发学生的创新创业热情，提高实践基地的吸引力和影响力。

（7）建立评价与反馈机制。建立实践基地的评价与反馈机制，定期对实践基地的运行情况进行评估和总结，及时发现问题并进行改进。

四、问题4

广西高校创新创业教育中，创新创业管理机构现状如何？如何完善创新创业管理机构建设？

（一）访谈实录

访谈对象 1

目前创新创业管理机构存在的主要问题在于缺乏专业性和系统性。很多高校虽然设立了创新创业学院，但管理机构往往只是挂靠在其他部门之下，缺乏独立性和自主权。

建立健全协调机制。统筹协调创新创业工作，推动各部门之间的协同合作。推进广西高校创新创业管理机构建设，首先要明确其定位和职能。创新创业学院应成为全校创新创业教育的核心，统筹协调各方资源，为学生提供全方位的创业支持和服务。同时，还需加强与校外企业、孵化器等机构的合作，共同推进创新创业工作。

访谈对象 2

创新创业管理机构在资源整合、师资配备等方面都存在明显的短板，这限制了创新创业教育的深入开展。

建立健全协调机制。统筹协调全校创新创业工作，推动各部门之间的协同合作。推进广西高校创新创业管理机构建设需要全校各部门的协同配合。需要加强与教务处、科研处、学工处、团委等部门的沟通与合作，共同为学生提供更加全面、系统的创新创业教育和服务。同时，还需要不断完善内部管理机制，提高工作效率和服务质量。

访谈对象 3

学校的创新创业管理机构与学生的实际需求脱节。提供的创业指导和支持往往过于理论化，缺乏实际操作性和针对性。

加强人才队伍建设。引进和培养一批懂技术、善管理、会市场的创新创业人才，打造一支高素质、专业化的创新创业管理队伍。加强师资队伍建设是推进创新创业管理机构建设的关键。需要引进和培养一批具有创新创业实践经验和教育背景的教师，为学生提供更加专业、实用的指导。

访谈对象 4

学校的创新创业管理机构缺乏与企业的深度沟通和合作。这导致学校的教育资源和企业的实际需求之间存在较大的鸿沟。

推动产学研深度融合。加强与科研机构、行业协会、企业等机构的合作，推动产学研深度融合，为学生提供更多的实践机会和创业资源。企业与高校合作，共同推进创新创业管理机构建设。企业为学校提供实践平台、创业导师等资源，帮助学校更好地培养学生的创新创业能力。

访谈对象 5

创新创业管理机构的建设需要全校各部门的协同配合。但目前来看，这种协同机制还不够完善，导致创新创业教育的推进受到一定的阻碍。校友资源是创新创业教育的宝贵财富。但目前来看，创新创业管理机构在利用校友资源方面还存在很大的提升空间。

建立健全协调机制。统筹协调全校创新创业工作，推动各部门之间的协同合作。团委可以通过组织创新创业大赛、创业培训等活动，与创新创业管理机构形成互补。共同营造校园创新创业文化氛围，激发学生的创新创业热情。校友会是连接学校与校友的重要桥梁。可以利用校友资源，为创新创业管理机构提供资金、技术支持和人才推荐等方面的帮助。

访谈对象 6

创新创业管理机构在科研方面的投入和支持还不够。科研是创新创业的重要支撑，但目前很多高校的创新创业管理机构在科研方面的作为有限。

强化科技创新支撑。加大科技研发投入，支持企业开展技术研发和成果转化，推动产学研深度融合，为创新创业提供科技支撑。科研处与创新创业管理机构紧密合作，共同推进科研成果转化和创新创业工作。为创新创业项目提供科研支持和技术指导，推动产学研深度融合。

访谈对象 7

广西创新创业教育服务平台建设存在的一个主要问题是资源分散，缺乏整合。目前，广西的创新创业教育资源分散在各个高校、企业和政府部门中，没有形成有效的合力。这导致学生在寻找创业资源时面临困难，无法充分利用现有资源。

推动产学研深度融合。加强与科研机构、行业协会等机构的合作，推动产学研深度融合，为学生提供更多的实践机会和创业资源。高校创新创业管理机构应该更加注重与企业的合作。企业可以为学校提供实践平台、市场资源等方面的支持，同时学校也可以为企业提供人才和技术支持。这种双向合作可以推动创新创业工作的深入发展。

访谈对象 8

服务平台的服务内容还不够丰富和深入，虽然平台提供了一些创业培训和咨询服务，但对于初创团队来说，更需要的是具体的项目对接、资金支持和市场推广等方面的帮助。服务平台的行业信息和资源相对较少，无法满足创业者对行业信息和资源的需求。服务平台在与企业合作方面还有待加强。虽然平台上有一些企业信息和合作项目，但缺乏与企业的深度合作机制，导致平台无法为企业提供更加精准和有效的服务。同时，企业对于平台的信任度和参与度也有待提高。

推进服务平台建设。首先，要明确平台的功能定位和服务对象。平台应该为师生提供创新创业的资讯、培训、项目对接等服务。同时，要加强与企业的合作，引入更多的实践项目和资源，让学生能在实践中学习和成长。其次，对于平台建设，要注重实效性和互动性。可以定期举办创业讲座、工作坊等活动，吸引更多的创业者参与。平台应该提供线上线下的创业咨询服务，帮助创业者解决实际问题，提高他们的创业成功率。总的来说，就是建立在线服务平台，开发一个集在线课程、创业资讯、项目展示、导师匹配等功能于一体的创新创业教育服务平台，为学生提供便捷的学习和交流渠道。

访谈对象 9

政府在推动高校创新创业管理机构建设方面还需要加大力度。目前相关政策还不够完善，对高校的指导和支持还不够到位。在政策支持方面，虽然广西壮族自治区政府出台了一系列支持创新创业的政策，但在政策宣传和执行方面还存在不足。很多创业者对政策了解不够深入，无法充分利用政策资源。

完善政策体系。制定一系列支持创新创业的政策，包括财政、税收、金融、人才等方面的优惠政策，为创新创业提供强有力的政策保障。政府应该出台相关政策，鼓励和支持高校加强创新创业管理机构建设。同时，还可以提供资金支持和税收优惠等措施，推动高校创新创业工作的健康发展。

访谈对象 10

高校创新创业管理机构在培养学生的创业精神和能力方面还有待加强。目前很多学生的创业项目过于注重技术创新而忽视了商业模式和市场需求的考量。创新创业管理机构与地方科技园区的合作还不够紧密。虽然平台上有一些科技园区的信息，但缺乏深度的合作机制，导致园区内的企业无法充分利用平台的资源和服务。

建立健全协调机制。建立一个更加完善的创新创业管理机构，为学生提供更多的创业资源和指导。同时，能够更加贴近学生的实际需求，提供更加个性化的服务。创新创业管理机构应该加强与科技园区的合作，为园区内的企业提供技术创新、市场拓展等方面的支持和服务。同时，可以建立园区与高校之间的合作机制，促进产学研的深度融合。

（二）访谈总结

总的来说，建议从 6 个措施推进广西创新创业管理机构的建设。

（1）建立健全协调机制。统筹协调全校创新创业工作，推动各部门之间的协同合作。

（2）完善政策体系。制定一系列支持创新创业的政策，包括财政、税收、金融、人才等方面的优惠政策，为创新创业提供强有力的政策保障。

（3）加强人才队伍建设。引进和培养一批懂技术、善管理、会市场的创新创业人才，打造一支高素质、专业化的创新创业管理队伍。

（4）强化科技创新支撑。加大科技研发投入，支持企业开展技术研发和成果转化，推动产学研深度融合，为创新创业提供科技支撑。

（5）推进服务平台建设。建设一批创新创业孵化器、加速器等平台，建立在线服务平台，为初创企业提供场地、资金、人才等全方位的服务。

（6）推动产学研深度融合。加强与科研机构、行业协会、企业等机构的合作，推动产学研深度融合，为学生提供更多的实践机会和创业资源。

五、问题5

广西高校创新创业教育评价体系的现状如何？如何推进广西高校创新创业教育评价体系建设？

（一）访谈实录

访谈对象1

广西高校创新创业教育的评价体系存在的问题首先是评价标准过于单一。目前主要侧重于学生的创业成果和经济效益，而忽视了创业过程中的创新能力、团队协作、社会责任等方面的评价。

明确评价目标。首先明确评价的目标，是为了培养学生的创新精神、创业意识和创业能力，还是为了评估创业项目的市场潜力和社会价值。高校要培养的是具有创新精神、创业意识和创业能力的人才，因此评价体系应该围绕这些目标来构建。同时，评价体系应该注重过程与结果的结合，既要关注学生在创业过程中的表现，也要注重创业成果的质量和价值。

访谈对象 2

评价体系的问题是缺乏行业参与。目前主要由学校内部教师进行评价，缺乏行业专家、企业家的参与，导致评价结果与市场需求脱节。

制定多元化评价标准。根据创新创业教育的特点，制定包括创新能力、团队协作、商业计划书质量、市场潜力等多元化的评价标准。企业在参与高校创新创业教育评价体系建设时，可以提供实践平台和资源支持。企业与高校合作开展创业实践项目，提供实习机会和职业发展指导，同时参与评价过程，为评价体系提供行业视角和反馈意见。

访谈对象 3

评价体系的问题是缺乏长期跟踪机制。很多创业项目需要时间来孵化和发展，但现有的评价体系往往只关注短期成果，缺乏对项目长期发展的评估。

强化过程评价。不仅注重创业项目的最终成果，还要对创业过程中学生的参与度、解决问题的能力、创新思维等进行评价。评价体系建设应该更加注重对实践能力和创新能力的考核。在评价过程中，可以增加对创业项目创新性、市场前景、团队协作等方面的评估，以更好地反映创业者的综合素质和能力。

访谈对象 4

企业在参与高校创新创业教育时，发现评价体系缺乏与企业需求的结合。企业更关注项目的市场潜力和商业价值，但现有评价体系往往忽视了这些方面。

引入行业专家参与评价。邀请行业专家、企业家等参与评价过程，提供行业视角的评价意见和建议，使评价更加贴近市场需求。在构建评价体系时，我们需要考虑到不同学科和专业之间的差异性。不同领域的创业具有不同的特点和要求，因此评价体系应该具有一定的灵活性和可调整性，以适应不同学科和专业的需求。

访谈对象 5

评价体系的反馈机制不够完善。在创业过程中遇到的问题和困难，往往得不到及时的反馈和指导，影响了我们的创业进度。

引入行业专家参与评价。在构建评价体系时，应该注重评价的公正性和客观性。可以采用多元化的评价方式，如专家评审、学生互评、社会评价等，以确保评价结果的准确性和可靠性。

访谈对象 6

评价体系的可操作性和公平性有待提高。现有的评价体系往往过于复杂或模糊，导致评价过程难以操作和公正。同时，不同高校之间的评价体系也存在较大的差异，影响了评价的公平性和可比性。

定期评估与调整。对评价体系进行定期评估和调整，根据实际情况和市场变化不断完善和优化评价体系。在评价体系建设中，应该加强对创业项目社会价值和影响力的评估。创业不仅是为了追求经济效益，更重要的是要为社会创造价值。因此，评价体系应该关注项目对社会的贡献和影响。

访谈对象 7

行业协会在参与高校创新创业教育时，发现评价体系缺乏行业标准和规范。不同行业对创新创业的要求和标准不同，但现有评价体系并没有很好地体现这一点。

引入行业专家参与评价。邀请行业专家、企业家等参与评价过程，提供行业视角的评价意见和建议，使评价更加贴近市场需求。行业协会在参与高校创新创业教育评价体系建设时，可以提供行业标准和规范作为评价依据。我们可以与高校合作制定行业特色的评价标准和方法，同时提供行业资源和专家支持，促进创新创业教育与行业发展的紧密结合。

访谈对象 8

评价体系过于注重理论知识，而忽视了实践能力的评价。在创业过程中遇到的问题，往往需要在实践中去解决，而不仅仅是理论知识。评价体系的创新性和前瞻性不足。现有的评价体系主要基于过去的经验和数据，缺乏对未来发展趋势的预测和评价。

建立反馈机制。评价结果应及时反馈给学生和教师，帮助他们了解自身的优点和不足，并提供改进的方向和建议。在评价体系建设中应该注重学生的参与和反馈。我们可以建立学生评价机制，让学生参与评价过程中来，提出自己的意见和建议。同时，也应该加强对学生创业成果的展示和推广，激发学生的积极性和创造力。

访谈对象 9

从政府角度来看，评价体系的问题在于缺乏与政策的衔接。政府在推动创新创业方面有一系列政策，但现有的评价体系并没有很好地将这些政策导向纳入其中。创新创业教育需要与政府的人才政策、科技政策等相互配合，但目前这些政策之间缺乏有效的衔接和协调。

定期评估与调整评价体系。政府应该在高校创新创业教育评价体系建设中发挥积极的引导作用。定期评估与调整评价体系，出台相关政策，提供资金支持和资源保障，推动高校与企业、行业协会等机构的合作，共同构建科学、合理的评价体系。

访谈对象 10

激励政策的针对性不强。政策往往过于笼统，没有针对不同阶段、不同领域的创业项目提供差异化的支持措施，导致一些真正需要帮助的项目得不到有效支持。激励政策的普及度和透明度有待提高。很多学生对政策了解不够深入，甚至不知道有哪些政策可以申请，这导致很多优秀的项目错过了政策支持的机会。激励政策的执行力度不够也是一个问题。很多时候，政策制定得很完善，但在执行过程中却大打折扣。这可能是因为缺乏有效的监督机制和评估体系，导致政策执行效果不佳。

完善激励机制。将评价与奖励、资金支持等激励机制相结合，激发师生的积极性和参与度。可以设立教师创新创业奖励机制，鼓励教师参与创新创业教育实践，同时提供培训和进修机会，提升教师的专业素养。激励政策应该注重激发学生的创新精神和创业意愿。可以设立创新创业奖学金、举办创新创业竞赛等活动，为学生提供展示才华的平台和机会。

（二）访谈总结

总的来说，建议从 7 个措施推进广西高校创新创业教育评价体系建设。

（1）明确评价目标。首先明确评价的目标，是为了培养学生的创新精神、创业意识和创业能力，还是为了评估创业项目的市场潜力和社会价值。

（2）制定多元化评价标准。根据创新创业教育的特点，制定包括创新能力、团队协作、商业计划书质量、市场潜力等多元化的评价标准。

（3）强化过程评价。不仅注重创业项目的最终成果，还要对创业过程中学生的参与度、解决问题的能力、创新思维等进行评价。

（4）引入行业专家参与评价。邀请行业专家、企业家等参与评价过程，提供行业视角的评价意见和建议，使评价更加贴近市场需求。

（5）建立反馈机制。评价结果应及时反馈给学生和教师，帮助他们了解自身的优点和不足，并提供改进的方向和建议。

（6）完善激励机制。将评价与奖励、资金支持等激励机制相结合，激发师生的积极性和参与度。

（7）定期评估与调整评价体系。对评价体系进行定期评估和调整，根据实际情况和市场变化不断完善和优化评价体系。

六、文本分析

本研究在访谈的基础上，运用文本分析，对广西高校创新创业教育发展策略进行了总结。具体文本内容见表 4-9 所列。

表 4-9　广西高校创新创业教育发展策略

创新创业教育发展策略	措施
强化师资配置	完善师资引进机制 师资共享机制 强化师资培训 构建跨学科师资团队 创新师资管理模式 加强师资交流与合作 加强产学研合作 建立激励机制

续表

创新创业教育发展策略	措施
加强理论教学	构建多元化课程体系 强化课程融合创新 完善实践教学体系 实施跨学科教学模式 深化校企合作 构建创新创业评价体系 完善课程运行机制
推进实践活动	加强政策引导和资金支持 加强实践指导和资源支持 深化校企合作模式 完善实践基地管理体制 推动产学研一体化发展 加强创新创业文化建设 建立评价与反馈机制
推进服务平台	建立健全协调机制 完善政策体系 加强人才队伍建设 强化科技创新支撑 推进服务平台建设 推动产学研深度融合
完善评价、激励政策	明确评价目标 制定多元化评价标准 强化过程评价 引入行业专家参与评价 建立反馈机制 完善激励机制 定期评估与调整评价体系

　　根据表4-9，广西高校创新创业教育发展策略包括5个大项，共35项措施：8项强化师资配置的措施；7项加强理论教学的措施；7项推进实践活动的措施；6项推进服务平台的措施；7项完善评价、激励政策的措施。

第三节　评估发展策略的适用性和可行性

现阶段广西高校创新创业教育发展策略实施的适用性和可行性评价结果是由研究广西高校创新创业教育的专家学者主导的。11 人对实施策略的适应性和可行性进行了评估。他们采用了 5 级评分表的形式，即最高、高、平均、低、最低。受访者只能选择一个级别。结果见表 4-10、表 4-11、表 4-12、表 4-13、表 4-14、表 4-15 所列。

表 4-10　广西高校开展创新创业教育策略 5 个方面的适用性
和可行性评价平均值和标准差

策略	适用性			可行性		
	平均值	标准差	水平	平均值	标准差	水平
强化师资配置	4.36	0.55	较高	4.39	0.56	较高
加强理论教学	4.21	0.60	较高	4.36	0.58	较高
推进实践活动	4.25	0.57	较高	4.32	0.52	较高
推进服务平台	4.20	0.53	较高	4.35	0.54	较高
完善激励政策	4.31	0.56	较高	4.39	0.52	较高
总	4.27	0.56	较高	4.36	0.54	较高

从表 4-10 来看，广西高校开展创新创业教育有 5 个方面的适用性和可行性处于较高水平。适用性中，平均值最高的是强化师资配置的措施（$\overline{X}$ =4.36），其次是完善激励政策的措施（$\overline{X}$ =4.31），平均值最低的是推进服务平台的措施（$\overline{X}$ =4.20）。可行性中，平均值最高的是强化师资配置（$\overline{X}$ =4.39）和完善激励政策的措施（$\overline{X}$ =4.39），平均值最低的是推进实践活动的措施（$\overline{X}$ =4.32）。

表 4-11　广西高校创新创业教育策略强化师资配置适用性
和可行性评价均值和标准差

强化师资配置	适用性			可行性		
	平均值	标准差	水平	平均值	标准差	水平
完善师资引进机制	4.55	0.52	最高	4.55	0.52	最高
师资共享机制	4.46	0.52	较高	4.46	0.52	较高
强化师资培训	4.64	0.51	最高	4.64	0.67	最高
构建跨学科师资团队	4.00	0.45	较高	4.18	0.41	较高
创新师资管理模式	4.18	0.41	较高	4.09	0.54	较高
加强师资交流与合作	4.64	0.51	最高	4.46	0.52	较高
加强产学研合作	4.09	0.70	较高	4.18	0.60	较高
建立激励机制	4.36	0.81	较高	4.55	0.69	最高
总	4.36	0.55	较高	4.39	0.56	较高

从表 4-11 可见，广西高校创新创业教育策略中改善师资配置的适用性和可行性评价平均值和标准差均处于较高水平。适用性中，平均值最高的是强化师资培训（$\overline{X}$=4.64）和加强师资交流与合作（$\overline{X}$=4.64），平均值最低的是构建跨学科师资团队（$\overline{X}$=4.00）。

可行性中，平均值最高的是强化师资培训（$\overline{X}$=4.64），其次是完善师资引进机制（$\overline{X}$=4.55）和建立激励机制（$\overline{X}$=4.55），平均值最低的是创新师资管理模式（$\overline{X}$=4.09）。

表 4-12 广西高校创新创业教育策略加强理论教学适用性
和可行性评价均值和标准差

加强理论教学	适用性			可行性		
	平均值	标准差	水平	平均值	标准差	水平
构建多元化课程体系	4.27	0.47	较高	4.46	0.52	较高
强化课程融合创新	4.27	0.47	较高	4.36	0.67	较高
完善实践教学体系	4.18	0.75	较高	4.36	0.51	较高
实施跨学科教学模式	4.18	0.41	较高	4.27	0.65	较高
深化校企合作	4.36	0.81	较高	4.18	0.60	较高
构建创新创业评价体系	4.18	0.41	较高	4.55	0.52	最高
完善课程运行机制	4.00	0.89	较高	4.18	0.60	较高
总	4.21	0.60	较高	4.36	0.58	较高

从表 4-12 可见，广西高校创新创业教育加强理论教学策略的适用性和可行性评价平均值和标准差均处于较高水平。适用性中，平均值最高的是深化校企合作（$\overline{X}$ =4.36），其次是构建多元化课程体系（$\overline{X}$ =4.27）和强化课程融合创新（$\overline{X}$ =4.27），平均值最低的是完善课程运行机制（$\overline{X}$ =4.00）。

可行性中，平均值最高的是构建创新创业评价体系（$\overline{X}$ =4.55），其次是构建多元化课程体系（$\overline{X}$ =4.46），平均值最低的是深化校企合作（$\overline{X}$ =4.18）和完善课程运行机制（$\overline{X}$ =4.18）。

表 4-13 广西高校创新创业教育策略推进实践活动适用性
和可行性评价均值和标准差

推进实践活动	适用性			可行性		
	平均值	标准差	水平	平均值	标准差	水平
加强政策引导和资金支持	4.36	0.67	较高	4.55	0.52	最高
加强实践指导和资源支持	4.18	0.41	较高	4.18	0.41	较高
深化校企合作模式	4.27	0.65	较高	4.18	0.60	较高
完善实践基地管理体制	4.27	0.47	较高	4.55	0.52	highest
推动产学研一体化发展	4.09	0.70	较高	4.00	0.45	较高
加强创新创业文化建设	4.09	0.30	较高	4.18	0.60	较高
建立评价与反馈机制	4.46	0.82	较高	4.64	0.51	最高
总	4.25	0.57	较高	4.32	0.52	较高

从表 4-13 可见，广西高校开展创新创业教育策略中推进实践活动的适用性和可行性评价平均值和标准差均处于较高水平。适用性中，平均值最高的是建立评价与反馈机制（$\overline{X}$ =4.46），其次是加强政策引导和资金支持（$\overline{X}$ =4.36），平均值最低的是推动产学研一体化发展（$\overline{X}$ =4.09）和加强创新创业文化建设（$\overline{X}$ =4.09）。可行性中，平均值最高的是建立评价与反馈机制（$\overline{X}$ =4.64），其次是加强政策引导和资金支持（$\overline{X}$ =4.55）和完善实践基地管理体制（$\overline{X}$ =4.55），平均值最低的是推动产学研一体化发展（$\overline{X}$ =4.00）。

表 4-14 广西高校创新创业教育策略中推进服务平台适用性
和可行性评价均值和标准差

推进服务平台	适用性			可行性		
	平均值	标准差	水平	平均值	标准差	水平
建立健全协调机制	4.18	0.60	较高	4.46	0.52	较高
完善政策体系	4.27	0.47	较高	4.46	0.52	较高
加强人才队伍建设	4.18	0.60	较高	4.18	0.60	较高
强化科技创新支撑	4.09	0.54	较高	4.18	0.60	较高
推进服务平台建设	4.36	0.67	较高	4.55	0.52	最高
推动产学研深度融合	4.09	0.30	较高	4.27	0.47	较高
总	4.20	0.53	较高	4.35	0.54	较高

从表 4-14 可见，广西高校创新创业教育发展策略中推进服务平台的适用性和可行性评价的平均值和标准差均处于较高水平。适用性中，平均值最高的是推进服务平台建设（$\overline{X}$ =4.36），其次是完善政策体系（$\overline{X}$ =4.27），平均值最低的是推动产学研深度融合（$\overline{X}$ =4.09）。可行性中，平均值最高的是推进服务平台建设（$\overline{X}$ =4.55），其次是建立健全协调机制（$\overline{X}$ =4.46）和完善政策体系（$\overline{X}$ =4.46），平均值最低的是加强人才队伍建设（$\overline{X}$ =4.18）和强化科技创新支撑（$\overline{X}$ =4.18）。

表 4-15　广西高校创新创业教育策略中完善激励政策的适用性
和可行性评价均值和标准差

完善激励政策	适应性			可行性		
	平均值	标准差	水平	平均值	标准差	水平
明确评价目标	4.46	0.69	较高	4.82	0.41	最高
制定多元化评价标准	4.18	0.75	较高	4.18	0.60	较高
强化过程评价	4.09	0.30	较高	4.36	0.51	较高
引入行业专家参与评价	4.27	0.65	较高	4.27	0.47	较高
建立反馈机制	4.46	0.52	较高	4.09	0.54	较高
完善激励机制	4.36	0.51	较高	4.73	0.65	最高
定期评估与调整评价体系	4.36	0.51	较高	4.27	0.47	较高
总	4.31	0.56	较高	4.39	0.52	较高

从表 4-15 可见，广西高校发展创新创业教育策略中完善激励政策的适用性和可行性评价平均值和标准差均处于较高水平。适用性中，平均值最高的是明确评价目标（$\overline{X}$ =4.46）和建立反馈机制（$\overline{X}$ =4.46），平均值最低的是强化过程评价（$\overline{X}$ =4.09）。可行性中，平均值最高的是明确评价目标（$\overline{X}$ =4.82），其次是完善激励机制（$\overline{X}$ =4.73），平均值最低的是建立反馈机制（$\overline{X}$ =4.18）。

第五章　高校创新创业教育系统的构建

创新创业教育生态系统是由相互影响、相互促进、相互制约的各要素组成的统一整体，这些要素在相互之间的能量交换、物质交换过程中形成动态平衡。从静态的视角来看，创新创业教育生态系统包括微观、中观、宏观等层次结构，不同层次结构又包括多个不同内涵、特性、功能的组成要素。

立足于教育生态系统理论，着眼于功能的视角对各组成要素进行深入分析，并阐释各要素之间的协同关系、链条关系、融合关系、合作关系等纵横交错的内在联系，探究要素之间相互作用的时机与方式、范围与影响，形成对创新创业教育生态系统的较为完整、准确、科学的认识。

第一节　创新创业教育生态系统组成要素的结构分析

生态系统具有一定的结构特征，包括形态上的空间结构和功能上的营养结构，如森林生态系统在垂直空间结构上分为乔木层、灌木层、草本层、地被层、根层，水域生态系统在食物链功能结构上分为浮游植物、浮游动物、小鱼虾类、凶猛鱼类。类似的结构性特征也存在于创新创业教育生态系统中。如美国麻省理工学院及其与研究发展公司、风险资本企业、新兴企业的互动，共同构成了著名的"128号公路"，这一现象展示了创新创业教育生态系统在空间分布上的成功模式。再如，创业基金从捐赠者到基金管理者，再到最终的受助者，这一链条揭示了生态系统内不同参与者的功能角色。

因此，本研究聚焦于生态系统的功能结构，从微观、中观和宏观三个维度出发，对创新创业教育生态系统在不同功能层级，如操作执行、组织管理和战略调整等方面的结构要素进行逐一剖析。这种分析方法能够更全面和深入地理解该生态系统的组成要素。

一、微观组成要素

在创新创业教育生态系统中，微观层面要素扮演着至关重要的角色。这些要素直接参与并实施创业教育，处于工作前线，与接受创业教育的学员直接互动。包括课程结构、教师团队、实训基地、专项经费和基础设施等关键部分。这些微观要素通过其实践操作功能，在系统中起着核心作用，是维持系统正常运作的根基。

国家宏观政策的实施依赖于基层教育工作者的理解与执行，社会资源也需要转化为教育支持和资金才能发挥效用。同样，教育文化氛围的建设也需依托于实体设施和教师队伍的存在。如果这些微观要素没有得到有效的整合，那么宏观和中观层面的要素将无法落到实处，从而失去效力。这样一来，创新创业教育的生态系统将面临失衡的风险。

（一）师资队伍

创新创业教育生态系统主张建立由学院型、兴趣型、公益型教师组成的创业教育师资队伍。

学院型教师源于经济学类、管理学类等学科背景的专业教师，针对该类师资存在的"来源不足""处于边缘状态""缺乏实践经验"等问题，高校可以通过以下举措促进学院型师资队伍建设。第一，搭建创业教育师资专业发展平台，为该类教师设置专门的创业学职称，设立创业学相关的科研与教研课题，以提高该类教师从事创业教育的积极性和学科地位；第二，加强创业学学科建设，培养创业学博士、硕士，既满足学生成为高级创业人才的需求，同时也为创业教育补充"科班出身"的师资力量；第三，通过与其他学科、其他学校、国外学校的合作，实现师资互补，如：中国浙江大学、美国百森商学院、法国里昂大学三校合作的硕士培养项目；第四，强化实践培训，为创业教师积累实践经验，如：日本创业师资培训的"教员企业研修制度"。

兴趣型教师来自高校政工干部、行政职员、非管理类院系专业教师中对创业教育有兴趣的人员。政工干部、行政职员具有比较丰富的学生工作经验和一定的专业背景，非管理类院系专业教师在专业教育方面具有丰富的教学经验。然而，两类教师由于基本都是非"科班出身"，其创业教育的理论素养和实践经验都比较欠缺。与学院型教师相比，由于创业教育与自身学科关联程度更低，加之对创业教育还存在着认识上的偏见，非管理类院系专业教师从事创业教育的兴趣相对更低。为此，高校可以采取几项措施逐步改善现状，一方面依托管理学、经济学、创业学等相关学科建立创新创业师资培训基地，并为教师提供国内外创业教育相关培训机会，强化对教师的创业教育理论培训；另一方面，组织教师到国内外顶尖企业参观交流，鼓励教师观摩和参加国内创业教师技能大赛，建立高校创业教育公共资源平台，不断丰富教师的创业实践经验和教学经验；除此以外，通过设立创业学系列教学职称、创业学相关研究课题、创业教师评奖评优制度，提高该类教师参与创业教育的积极主动性。

公益型教师源于热心于大学生创业教育的优秀企业家、社会活动人士。这部分教师大都具备丰富的创业背景和社会经历，其人生阅历是天然的创业教材，对学生具有很强的典型示范作用，具有前两类师资不可替代的先天优势。然而，由于教师"非科班出身"、教师时间精力有限、校内外沟通联系不畅、校企间互利程度较低等原因，公益型师资存在着理论水平不够高、作用发挥不够好等问题。创新创业教育生态系统主张注重对公益型教师的理论培训，组织其参加高端创业教育师资培训；充分发挥校友资源优势，通过各地校友会与之建立长效联系机制，聘任优秀校友担任创业教师，以课程、讲座或活动的方式将其授课纳入创业教育课程体系之中；与优秀企业家、社会活动人士建立广泛联系，增加公益型师资数量，以"人海战术"降低每名教师的工作量，切实发挥每一名教师的作用；与企业建立互利互惠合作关系，为公益型教师所在企业提供科学技术、知识产权、文化创意、实习生、广告宣传等方面的支持，为双方的合作提供持续不断的动力。

（二）课程体系

当前，国内外高校开展创业教育的课程体系大致有两种组织模式，一种是"聚焦模式"，在这种模式里，所有资源都由商学院／管理学院调配，所有活动也在商学院／管理学院内部开展，其目标是培养专业化的创业人才以及培养创业教育师资和研究者；另一种是"全校性模式"，这一发展理念将创业作为一种实践性的工具，培养不同学科背景学生的创业精神和创业意识，为学生进入就业市场做好多方面的准备；根据教学活动地点的不同，"全校性模式"又可分为"磁石模式""辐射模式"，"磁石模式"的创业教育课程在一个学院开展，而"辐射模式"的课程则在许多不同的学院开展。"聚焦模式"又称之为"专业模式"，"全校性模式"又称之为"普及模式"或"广谱模式"。"聚焦模式""全校性模式"各有其存在的合理性，但自20世纪90年代以来，以美国为代表的国外创业教育呈现出"广谱式"创业教育的发展趋势，而在国内，"面向全体"的创业教育既是官方主导的发展方向，也是创业教育发展的必然趋势。创新创业教育生态系统的课程体系主张"全校性模式"，同时也融入"聚焦模式"的优势因素，在全校课程体系建设的整体布局中，构建针对不同专业、不同阶段、不同层次、不同群体的，包括创业基础课、创业发展课、创业体验课等不同类型、不同功能课程在内的课程群。

创业基础课由学校教务部门面向全体低年级学生以必修课的形式开设，旨在教授学生创业基础知识、激发学生创业兴趣与动力，为有志创业的学生继续创业方面的学习奠定坚实基础，同时培养全体学生的开创性、创新性、果断性、坚韧性和组织管理能力、语言表达能力、人际交往能力等各类职业必备的一般能力与素质。如："创业基础""创业概论""创业管理""创业学""创业导引"等课程均属此类。当前，绝大多数高校以必修或选修的形式都开设了该类课程，然而，"翻开这些课程的教材，其体例几乎千篇一律，第一章总是绪论，每一章的第一节总是概述，每一节的第一点总是概念"，这些课堂的有效性值得深入反思。创新创业教育生态系统的通识课程在课程设置和教学设计中融入"广谱式"创业教育的理念，不仅开发"创新思维与方法"等面向各类需求学生的课程，而且在教学设计中既安排"创办企业"的内容，又渗透"开创事业""创立家业""促进学业"的内容，兼顾所有学生的发展需求，使创业教育真正实现"面向全体"；既注重通过课堂讲授进行知识传递，又强调教学方法的创新不断优化课程设计，如：由美国百森商学院内克教授等人撰写、薛红志等人翻译的《基于实践的百森教学法》，书中设计了玩耍、移情、创造、试验、反思等五个模块的实践训练，可将该方法运用到通识课程教学中，使学生在亲身体验的过程中受到更多启发。

创业发展课由各院系面向不同专业的全体学生以必修课、选修课的形式开设，按照"嵌入式"课程设计思想，以专业教育实现创业教育，以创业教育促进专业教育，实现创业教育与专业教育的有机融合，培养学生的专业实践能力、创新创业能力，在创新创业教育生态系统的课程体系中发挥着承上启下的功能。创业发展课由各院系针对专业自身特点、结合专业课程计划设置。一方面，开发创业教育与专业教育相结合的新课程，如：电子信息工程专业开设"信息产业创业"、文学专业开设"文化创意产业创业"、体育运动专业开设"休闲与运动管理"，等等；另一方面，在现有专业课程中渗透创业教育的理念、嵌入创业教育的内容，如：在讲授"中共党史"课程时，始终向学生传递坚定信念、创业维艰、英勇果敢、持之以恒等中国共产党创业史观，在讲授"半导体物理"课程时，在课程最后安排一节"半导体物理与高新技术创业"等。不仅如此，创业发展课还根据不同年级学生的知识能力特点设计不同层次的课程与内容，针对低年级以介绍本行业创业的历史与人物、启发学生的创业意识为主，而针对高年级则以传授创业理论与方法为主。除此以外，创业发展课按照不同群体学生的不同需求，以必修课和选修课的形式对之进行差异化教育，必修课以培养学生专业实践能力、开创性个性为出发点，而选修课则着力培养学生的创业能力、企业家精神，使具有创业意愿和创业意愿不强的学生都能在创业发展课中各得其所、各有所学。

创业体验课由学校教务部门面向全体高年级学生开设的选修课，旨在促进多学科之间的交叉融合，加强不同学科学生的沟通交流，提高学生的综合素质和创业能力，在创新创业教育生态系统的课程体系中发挥着理论与实践相联系的重要作用。创业体验课既以教学内容、教学方法的形式存在于创业基础课、创业发展课的教学过程之中，又以项目、竞赛、实习、讲座、论坛、社团、夏令营等课外活动的形式，独立于创新创业教育生态系统的课程体系之中，在此主要指向后者。创业体验课主要以课外活动的方式开展，并以"置换型"的形式存在于课程体系之中，即"以项目、赛事、活动为载体，要求学生参与其中并按照成绩等级兑换分值不等的创新学分或实践学分"。由于创业实践活动将在后文论述，在此便不作详细介绍。必须指出的是，前文所列举的创业基础课、创业发展课、创业体验课的授课对象，只具有相对区分和理论区分的意义，同年级学生的创业能力素质发展不一定处在相同水平，所有本科生、研究生均可根据自身创业能力素质发展状况，自由选择其中任何一个阶段的课程进行学习。

（三）实践平台

创新创业教育生态系统的实践平台主要由项目、竞赛、实习、社团、夏令营等多种形式的创业实践活动构成。前已述及，部分高校的学生可以通过一定方式将某些创业实践活动"置换"为相应学分，使之成为课程体系当中的创业体验课，从这个意义上讲，创新创业教育生态系统中的创业体验课必然是创业实践活动，而创业实践活动不一定是创业体验课。各高校根据自身发展特点，或将创业实践活动全部划归第二课堂的创业课外活动，或将部分特别重视的创业实践活动通过学分"置换"纳入第一课堂的创业体验课，因此，创业实践活动通过学分制在形式上划分为创业课外活动、创业体验课。在此，我们不作学分上的划分，对创业实践活动进行统一考察。

创业竞赛是大多数高校开展创业实践活动的核心内容。英国高校商业计划大赛核心内容各有不同，有的只需提出创意、有的需要创办企业，主办方为学生提供不同形式的创业指导和奖金；早稻田大学1998年最早在日本举行创业计划大赛，旨在帮助创业者完善创业构想、寻找创业伙伴，并为获奖团队提供咨询建议；清华大学在多年举办创业计划大赛的基础上，于2013年底启动首届"校长杯"创新挑战赛，该赛事以"关注推动社会进步的创新"为核心定位，旨在发现、培养及提升学生的创业领导力，它改变了以往创业计划大赛"重结果、轻过程"的做法，通过培训、讲座、项目接待日、创业伙伴对接等活动，使来自不同学科的学生协同学习，提高从创意到创业各阶段的管理能力。创新创业教育生态系统吸收国内外创业竞赛有益经验，着力打造全方位全过程创业实践平台，一是通过多学科学生组队，强化学科之间的交叉学习，拓展学生创新创业的眼界；二是在竞赛过程中通过讲座、论坛、工作坊等，为学生提供创新创业的培训；三是聘请优秀校友、企业家为创业导师，比赛全程给予创业团队个性化创业指导；四是邀请各行业知名人士担任大赛评委，为优秀项目提供合理化建议和融资机会。

在国外，创业项目是开展创业教育主要途径之一，如：美国斯坦福大学在学生中实施斯坦福技术风险项目，主要活动包括工作研讨、个案研究、团队活动、野外实习和专家讲座，通过项目实践培养工程专业创新创业人才；在国内，创业项目也成为高校积极探索的领域之一，如：清华大学学生创新力提升证书项目设置"思维与技能""跨界学习""实践交流"3个学习模块，学生在其中既可以学习创业理论知识，还能够参与其中的创业实践活动，并通过跨界学习交流，提高自身的创新创业能力。借鉴国内外创业项目建设先进经验，创新创业教育生态系统致力于开发创业项目，通过组织跨学科师生团队，选择将项目研究与地域经济发展、产业实际问题相联系的创业课题，开展调研、研讨、讲座、实习、路演等创业教育实践活动，提高学生的创业实践能力。

除此以外，实习、社团、夏令营等方式也是开展创业实践活动的重要途径。创新创业教育生态系统注重与各类企业建立合作关系，开发创业实习岗位，为学生直观体验创业过程提供实习机会；培育校内学生创业社团，根据社团的发展需求，为之配备创业导师、专业导师，提供必要的活动场地和经费支持，鼓励社团走出校园开展市场调研、发现创业商机、实施创业行动；利用暑假、寒假等大块时间组织创业夏令营，为有志创业的学生提供集中理论培训和实地参访机会。通过多种形式的创业实践活动，各种能力水平、不同发展需求的学生都能在其中找到适合自己的学习机会。

二、中观组成要素

创新创业教育生态系统的中观组成要素是指在该系统中，通过文化环境、管理机构、创业中心等中介，对创业教育微观组成要素运行的理念、内容、方法、载体进行规划、控制、影响的创业教育要素。在创新创业教育生态系统中，中观组成要素发挥着承上启下、下情上达的功能，国家的创业教育宏观政策经过高校管理机构的分析规划，才能够制定符合学校实际、具有学校特色的创业教育措施；而高校创业教育的实施情况，通过管理机构的总结、报告、呼吁，才能为国家制定新的创业教育政策提供更有价值的决策参考。如果中观组成要素不能切实发挥作用，国家政策未能高效落实，行业作用没有充分发挥，社会力量难以有效整合，创新创业教育生态系统的功能就会出现紊乱。

（一）管理机构

创新创业教育生态系统的管理机构是指高校内专门负责创新创业教育管理和发展的各级组织机构。创新创业教育生态系统主张成立包括高校、政府、行业、学界、公益界等社会各界人士组成大学生创业教育促进委员会（以下简称"创促会"），学校由相关领导和职能部门、教学院系、创业中心的负责人参与其中，政府、行业、学界、慈善家等由在本领域具有代表性或捐赠资金的人士担任委员会成员。创促会的主要职能是统筹多方面创业教育资源，协调校内外创业教育人士，制定本校创业教育发展规划，指导创业教育工作开展，监督创业基金使用情况，推动大学知识产权转移转化，推动大学生创业教育科学化发展。创促会下设创业学院、创业中心两个职能部门，设置专职副主任两名，分别兼任创业学院院长、创业中心主任。创业学院下设创业教学管理办公室、创业培训管理办公室、知识产权管理办公室。其中，创业教学管理办公室负责制定课程计划、编排学期课表、组织学生选课、开展教学评价、实施教学考核等创业教学组织管理工作；创业培训管理办公室负责开发社会培训项目，为校友、企业和社会人士提供企业管理、创业管理方面的培训；知识产权管理办公室负责专利申报、专利转移与转化、促进校企长效沟通等工作。创业中心下设创业活动管理办公室、创业基金管理办公室、创业孵化管理办公室，其职能将在后面介绍，在此不做详细论述。

创促会广纳各界优秀人士、吸取各方优质建议、富含广泛资金来源，就其实际功能而言，它既承担着创业教育决策管理的重要职能，又扮演者创业咨询平台的重要角色，还能发挥潜在融资渠道的重要作用，并在服务社会的同时为学校创收，可谓一举多得、一箭多雕。不仅如此，从事校内教学的师资也是从事培训的师资，在理想状态下，获得大量知识产权的教师也应该被吸纳到创业教育师资队伍，由创业学院院长负责创业教学管理、创业培训管理、知识产权管理等工作，有利于创业理论教学等相关工作的顺利开展；而创业活动管理、创业孵化管理工作具有先后逻辑联系，创业资金募集和创业实践活动也常常整合在一起开展，创业中心主任负责创业活动管理、创业基金管理、创业孵化管理等工作，有利于创业实践活动的整体推进和创业资金的募集。创业理论教育、实践教育在部门上的分开设置，使各自都能得到相应重视和深化发展，而创促会对创业学院、创业中心的统一领导，又保证了理论与实践教育的渗透、结合、联系，提高了创业教育的实效性。需要说明的是，每个学校的具体情况、发展特色各不相同，各高校可结合自身实际对上述机构设置、部门职能进行灵活安排。

（二）文化环境

创新创业教育生态系统中的文化环境特指校园文化环境。当前，我国高校尚未普遍形成浓厚的认可创业、崇尚创业的校园文化氛围，主要表现为：第一，与美国"高校需求型创业教育"道路不同，过去十几年，中国高校创业教育走过的是一条"政府推动型创业教育"道路，由于外部压力小、内在动力弱等原因，国家创业教育政策在高校的落实情况不甚理想，虽然某些高校已经形成了较为浓厚的创业文化，但总体而言，创业教育在高校还没有得到普遍重视，高校推进创业教育的积极性普遍不高。第二，"一些高校教育工作者为了提高就业率，直接选择毕业年级学生作为开展创新创业教育的对象，造成的直接结果是，多数毕业生（特别是综合素质排在前列的）在大公司、大企业入校招聘的情况下，选择了到公司企业去就业，到毕业时可以把创业作为职业选择的多数是尚未在校园内找到工作的毕业生"，这种把创业教育矮化为兜底就业教育的简单化做法，让师生形成了"创业教育就是让没有就业的毕业生去创业"的错误印象，损伤了创业在师生心目中的形象，不利于形成浓厚的创业文化氛围。第三，创业活动自身固有的风险，加之创业政策、教育、环境等方面因素还不够完善，使得大学生创业活动的成功率比较低，许多大学生对创业望而生畏。除此以外，社会文化环境对校园创业文化的形成也具有较强影响，这部分内容将在后面单独论述，在此不作详细阐释。

高校创业文化氛围不浓的上述问题，固然应通过完善政策、强化领导、改革体制、改进理念等方式，随着高校创业教育的整体推进、优化发展而逐步解决。但是，校园文化作为创新创业教育生态系统的重要一环，加强校园创业文化建设，既是构建高校创业教育生态系统的题中应有之意，也是解决高校创业文化氛围不浓的必由之路和有效方式。创新创业教育生态系统注重通过广泛开展创新创业文化宣传，在校园营造浓厚创新创业文化氛围。一是开通大学生创新创业公众平台，同时开辟校园宣传栏，通过网上网下宣传两种方式吸引学生对创新创业的关注；二是发掘校友和在校生中的创业典型，通过新媒体、报纸、广播、条幅等形式对其进行宣传，使其创业事迹在学生中产生显著的示范带动作用；三是在教室、寝室、活动室等学生经常活动的场所张贴鼓励创新创业的名言警句、名人画像，形成处处都有创业元素、时时都有创业熏陶的宣传氛围；等等。

上述举措并非独立存在于创新创业教育生态系统，而是承载于该系统各类微观组成要素之中。开通微信平台、微博和开辟校园宣传栏进行宣传本就是创业实践活动的重要组成部分，教师发表文章、开坛设讲宣传"广谱式"创新创业教育理念也是师资队伍建设的题中应有之义，这些活动原本就已经存在于微观组成要素之中。创新创业教育生态系统的文化环境建设的要旨在于，在中观层次上有意识地、自觉地对微观组成要素进行统筹策划，从而充分发挥文化环境在创业教育中的重要作用。

三、宏观组成要素

在创新创业教育生态系统中，宏观要素起着决定性的控制和引导作用。这些要素包括国家政策、商业实体以及社会势力等，它们在系统层面占据着指导性的位置，对中观和微观层面的要素进行整体规划和支撑。

这些宏观要素对于塑造高校创业教育的氛围、构建师资队伍等方面起到了关键性的作用。政府需要进行顶层设计，行业需要提供市场导向，社会需要提供全面的支持与参与。如果这些宏观要素不能有效地发挥其职能，将难以统一创业教育工作者的思维，无法整合各方面的资源，并且难以形成一个全面规划、推进和发展的创业教育格局，这将对整个创新创业教育生态系统的运行产生负面影响。

（一）国家政策

创新创业教育生态系统中所指的国家政策，并非高校在国家现行政策法律体系之外另行炮制的非法的"国家政策"，也不是高校主导着国家去制定相关政策，它是指国家以及各级地方政府出台的现行大学生创业教育相关政策。创新创业教育生态系统中的国家政策的关键在于，一方面，不同高校应在深刻领会国家现行大学生创新创业教育政策精神的基础上，结合本校的实际情况和发展特色，探索落实国家政策精神的学校政策、工作思路、教育模式。从这个意义上讲，国家政策只有一个，但不同高校中国家政策的落实情况各有千秋，其差异体现在各高校创业教育的政策、理念和模式之中。另一方面，国家政策随着创业教育的深化发展也在不断变化，创新创业教育生态系统在这一变化过程中发挥着重要推动作用，其作用表现为强化和优化两种方式。高校贯彻国家政策形成了好的教育模式、发挥了好的带头作用，就会强化该政策向其他高校推广。高校落实国家政策过程中出现了明显问题、暴露了隐藏的矛盾，就应及时总结并向上层反馈，不断优化国家政策的制定。如：美国普渡大学因技术商业化问题向参议院伯奇·贝（Birch Bayh）的抗议、威斯康星大学对普渡大学的响应、MIT 对来自麻省的参议院司法委员会主席爱德华·肯尼迪的积极影响，直接促进了美国《贝杜法案》的制定出台。因此，创新创业教育生态系统中的国家政策既体现了现行国家政策的多样性，又孕育着未来国家政策的生长点，它是创业教育政策现实与理想的矛盾统一体。当前，有关高校创新创业教育的国家政策主要有 2021 年国务院办公厅颁布的《国务院办公厅关于进一步支持大学生创新创业的指导意见》、2015 年国务院颁布的《关于深化高等学校创新创业教育改革的实施意见》、2012 年教育部颁布的《普通本科学校创业教育教学基本要求（试行）》、2010 年教育部颁布的《关于大力推进高等学校创新创业教育和大学生自主创业工作的意见》等，以及 2020 年《国务院办公厅关于提升大众创业万众创新示范基地带动作用进一步促改革稳就业强动能的实施意见》，2015 年，国务院印发的《关于大力推进大众创业万众创新若干政策措施的意见》《国务院关于进一步做好新形势下就业创业工作的意见》，国务院办公厅印发的《关于发展众创空间推进大众创新创业的指导意见》等文件，还有各级地方政府下发的与创业教育密切相关的文件。一些高校在国家创业教育政策指导之下，结合学校实际制定了一系列创业教育政策、树立了先进的创业教育理念、形成了多样化创业教育模式。如：温州大学依托区域优势构建的三级联动创业教育模式、广西大学立足区域人才需求构建的中国—东盟自由贸易区复合型创业人才培养模式、宁波大学以地方产业发展需求为导向形成"课程渗透、实训导向、管理先行"的"三位一体"创业教育模式，等等。这些先进的创业教育经验，为创新创业教育生态系统更好地贯彻落实国家创业教育政策提供了有益借鉴。

国家政策处于不断发展之中，其进步完善不仅要靠各高校的实践经验，同时也可借鉴国外的经验。日本政府推动高校创业教育，通过制定《大学技术转移促进法》《教育公务员特例法》《风险企业投资公司宪章》《中小企业创造活动促进法》《新事业创出促进法》《中小企业有责法》等一系列法律，改革了教育体制，健全了风险投资体制，为中小企业营造了良好的发展环境，形成了比较完备的高校创业教育官产协作体系，有力地推动了日本高校创业教育工作。创新创业教育生态系统将在总结国内经验、借鉴国外做法的基础上，在全面深化改革的浪潮中，积极推动国家创业教育政策在体制机制方面的突破，努力探索适合学校发展的创业教育政策、理念、模式，使国家政策在该系统中的重要作用得到充分发挥。

（二）行业企业

创新创业教育生态系统中的行业企业为创业教育提供人力、财力、物力和工作岗位的支持，在其中发挥着不可或缺的重要作用。第一，企业家是创业教育教师、创业大赛评委、创业项目导师、创业论坛嘉宾、创促会委员等创业教学、实践、管理人员的重要来源，在创业教育中具有教学、咨询、建议、指导、督促等重要职能，发挥着优化创业师资结构、推动创业课程建设、提升创业活动质量、活跃创业文化氛围、加强创业教育管理等重要作用。第二，行业企业以捐赠、设立奖学金、风险投资等方式为高校创业教育提供资金、场地、设备等支持，为创业教育各项教学、实践、管理活动的顺利开展奠定坚实基础。第三，企业为高校学生提供多种形式、不同类别的实习岗位，使学生既可以赢得工作机会、又可以赚取兼职收入，更重要的是可以体验创业的真实过程、获取企业经营管理的经验。

实际上，行业企业为高校提供创业教育方面的支持，除少量纯公益性质的捐赠行为以外，大多数情况下都把这种支持当作承担社会责任、获取企业利益的重要途径，高校、学生、企业都能在校企合作的关系中各取所需、各有所获。有鉴于此，创新创业教育生态系统需要重视与企业建立互利共赢的合作关系，充分发挥自身区位优势和学科优势，主动寻求与企业开展合作的机会，积极关注企业发展的合理需求，努力创造深化合作的有利条件，使行业企业的作用在该系统中得以充分发挥。

（三）社会力量

社会力量主要以社会文化影响、社会资源支持两种方式对创业教育发挥作用。国家出台了一系列政策文件，推进全面深化改革，鼓励全民创新创业，在全社会营造"大众创业，万众创新"的良好氛围，完善促进创业带动就业的保障制度，支持和规范发展新就业形态。创新创业教育生态系统应在此大好形势之下，以弘扬"广谱式"创新创业教育理念为突破口，逐步在全社会形成认可创业、崇尚创业的普遍共识。创业活动得不到普遍认可、创业教育局面难以打开的一个主要原因是人们对创业教育存在认识上的偏见。或认为创业教育就是"创办企业"的教育，或认为创业教育是一种急功近利的教育，或认为创业教育与专业教育没有关系，诸如此类错误认识，阻碍了认可创业、崇尚创业氛围的形成。因此，高校应借助电视广播、网络媒介、期刊杂志、论坛讲座向社会各界人士普及"广谱式"创新创业理念，使其认识到创业教育是所有人都需要的教育、是实现自我价值的教育、是与专业教育共生发展的教育，逐步在全社会形成良好的创业教育文化环境。社会资源在促进创业教育过程中发挥着重要作用。通过上述举措，考夫曼基金会为推动美国高校创业教育作出了突出贡献。

创新创业教育生态系统要充分发挥对上述社会资源的主导作用，一方面，高校要掌握基金会、天使投资协会、慈善家组织等社会资源机构的运作理念、项目计划、发展动态，及时推出与之相契合的创业课程、项目、活动，最大程度争取各类社会资源的支持；另一方面，高校要制定科学合理的社会资源发展规划，既要加大争取社会资源的力度，又要不断对争取到的社会资源进行整合，使之符合学校创业教育的发展特色、发展模式，在最恰当的位置发挥最大的作用，提高资源的利用率。另外，高校还应重视开发校友、爱心人士等个体社会资源，积少成多、聚沙成塔，并将这些资源整合到创业教育资源总体之中进行统筹使用。

第二节　创新创业教育生态系统组成要素的相互关系

在生态系统中，各种生物实体并不是单独存在的，它们之间形成了复杂而密切的内在联系。创新创业教育生态系统的构成元素也呈现出相似的相互关联性，无论是在同一层次的元素间还是不同层次的元素间，都存在广泛且深刻的联系。随着时间的推进和创业教育的不断深化，这些联系被注入了更加丰富和深远的含义。

要真正理解和发展创新创业教育，就必须关注其面临的实际发展问题，全面分析涉及创业人才培养的各要素之间的互动、创业实践活动的链条式联系、创业教育与专业教育融合的相互作用，以及产学研一体化合作的关系。通过这样全面和系统的视角，能够更加科学和精确地掌握创业教育的本质，并构建一个结构完善、运作高效的创新创业教育生态系统。

一、创新创业人才培养相关要素间的协同关系

创新创业人才培养相关要素间的协同关系，主要包括校内协同关系、校外协同关系以及校内外协同关系。

（一）校内协同关系

一方面，高校内部应在创业教育中心机构的统领下，集聚创新创业教育的要素与资源，整合教务处、科研处、知识转移处、就业指导处、团委、财务处等职能部门以及教学课程平台、实践教育平台、科研创新平台等资源，突破创业人才培养的薄弱环节，打通部门之间、院校之间、院系之间的壁垒，统一思想，优化结构，有效衔接，紧紧围绕创业教育和创业活动开展各项支持和服务，夯实创业人才培养的基础。

一是主要领导要高度重视创业教育工作，将创业教育作为重要事项在学校党委常委会、校长办公会上进行讨论，定期召集创促会委员会议，商讨和部署创业教育重点工作。

二是强化任务分工、责任落实到人，完善创业课程、组织创业教学、优化师资队伍、开展创业活动、募集创业资金、建设创业中心等创业教育工作都要落实到具体部门，明确哪些是牵头单位、哪些是配合单位，防止出现推诿扯皮的现象。

三是建立奖励惩罚机制，将创业教育工作的开展情况与年终考核挂钩，考核优秀的给予职务提拔、职称评定方面的照顾，考核不合格的，要由相关领导对主要责任人进行约谈，问题严重的还要追究相关人员的责任。

另一方面，高校要加强创业理论课程、实践活动的协同关系，使两者在相互渗透、相互促进的密切配合过程中，提高高校创业教育工作的效率。创业教育是一项实践性很强的活动，然而，目前各高校在开展创业理论教学时，过于注重概念的、抽象的教学内容，较少运用案例教学、小组讨论、情景教学等先进的教学方法，使得教学过程比较枯燥，因此教学效果大打折扣；相反，大部分高校也开展了创业竞赛、组织了创业社团、培养了创业项目，但因其未能有意识地通过创业实践开展创业教育，对创业实践的育人功能挖掘不够，创业实践活动并没有充分发挥应有的教育功能。为此，高等学校主导型创业教育生态系统按照"课程实践化、实践课程化"的思路，对现有理论教学、实践教育模式进行改进，在创业理论课程中增加实践的教学内容、运用体验的教学方法，有意识地对创业实践活动进行课程化的形式改造、内容设计，使创业理论课程、实践活动在协同推进的过程中，不断提高创业人才的培养质量。

（二）校外协同关系

高校应主动加强与政府、商业实体和社会团体的互动，以充分利用外部的政策支持、资金投入、人力资源和环境条件。高校与政府的合作关系主要体现在政府制定相关的政策和法规，而高校则依据自身的实际情况落实国家的创业教育指导方针，进而发展出具有本校特色的创业教育方案，并就具体问题向政策制定者提出建议，促进政策的持续改进。

高校与企业的合作是基于双方的需求和利益：一方面，高校依赖企业的资本、场地、职位以及实战经验；另一方面，企业需要高校提供人才招聘、员工培训、技术革新和市场发展的支持，并实现其社会责任。

高校与社会的互动表现为双向促进关系，社会力量的参与和支持为大学创业教育提供了多样化的资源和良好的创业环境。随着高校创新创业教育的不断进步，社会对大学生创业的看法也逐渐改观，这进一步增强了社会各界对高校创新创业教育的支持热情和信心。

（三）校内外协同关系

在构建创新创业教育生态系统时，重要的是要充分考虑政府、商业组织和社会各界在合作中的各自角色、需求和动机。这需要结合本地区的经济发展策略、行业的增长动向以及学校自身的学科特色，通过传播先进的理念、优化教学内容、更新教学手段、强化教师队伍建设，并加大对创业孵化基地、科技园区、企业孵化器等实践设施的建设力度。

这样，高校就能创造出有利于建立紧密合作关系的条件，进而形成一个由政府积极推动、企业乐于参与、社会广泛支持的生态系统。这将促进高校、政府、企业和社会之间的互动和协作，确保创新创业教育生态系统能够健康、持续地发展。

二、创新创业活动实践相关要素间的链条关系

在以高校为核心的创新创业教育生态系统中，创新创业活动实践相关的要素相互关联，形成了逻辑上和空间上的连续性。这些元素紧密相连，确保了系统内部各环节的协调一致。

（一）逻辑上的链条关系

创新创业教育生态系统的实践活动针对大学生创业意识能力的不同发展的阶段而开展，在逻辑上存在着层层深入的现实的链条关系。"广谱式"创新创业理念认为，针对"全覆盖""分层次"和"差异化"的教育目标，创业教育应分为"通识型"的创新创业启蒙教育、"嵌入型"创新创业教育、"专业型"的创业管理教育、"职业型"创新创业教育四个不同现实发展阶段。在创新创业教育的第一阶段，活动旨在普及至所有学生，启蒙他们对创新创业文化的理解，并介绍创业的基本流程，为培育学生的创新精神打下基础，同时着重于提升学生的通用技能，如人际沟通、财务管理和实际操作能力。

第二阶段，创新创业活动开始针对不同专业的学生群体，既强化了学生将专业知识与创新理念结合进行专业研究的能力，也培养了他们将专业知识与创业技巧结合进行企业创建的能力。此阶段的实践活动主要包括企业参观、专家讲座和市场调研等。

第三阶段，针对有志于创业的学生，基于理论培训，通过竞赛和项目实践等形式实施体验式学习，以增强他们的创业和创新能力。

第四阶段，活动专注于那些处于企业孵化期的学生创业者，提供场地、资金、咨询和培训等支持，帮助他们的企业度过初创风险期，从而提高新企业的成活率。

这四个阶段紧密相连，逐级深化，展现了创新创业教育在实际操作逻辑上的连续性，这一点值得重视并加以利用。

需要说明的是，之所以将上述链条关系称为现实逻辑联系，是因为该实践活动的每一个阶段并不必然引向下一个阶段。对有创业意愿的学生而言，创业实践活动这四个阶段的链条关系是一种必然逻辑联系，学生创业意识能力的发展大体都要经历这几个发展阶段；但是，学习完第一个、第二个阶段仍没有创业意愿的学生，通常不会继续参加后两个阶段的教育，对这部分学生而言，这四个阶段的链条关系并不必然存在。然而，从"广谱式"创新创业教育实践体系的构建来看，其教育对象既包括有创业意愿的群体、又包括没有创业兴趣的群体，创业实践活动面向全体学生实施不同目标的教育，这是创业教育发展的必然趋势和现实要求。因此，"广谱式"创新创业教育实践体系，既满足了全体学生的成才发展需求，又符合"创办企业"的教育的内在发展逻辑，从更具概括性的现实角度而言，创新创业教育生态系统的实践活动的四个发展阶段之间存在着现实逻辑链条关系。

要建立科学有效的创业实践活动四个阶段的链条关系，应该从基础教育阶段就抓起。面对基础教育阶段创业实践活动缺失的现实状况，高校要建立并发挥创业实践活动链条关系的作用，还有十分艰巨的工作要做。

（二）空间上的链条关系

在国家、地方政府、教育部门和高校这一垂直的组织架构中，创新创业教育生态系统强调了创业教育实践的多层面连贯性，包括理念、政策、组织结构和运作机制。为了建立一个高效的创业实践系统，需要确保理念的一致性、政策的完备性、组织的完整性和机制的流畅性。

一是思想要统一。国家和教育部门已经明确提出了普及型创业教育的要求，而学术界也开始倡导如"岗位创业"和"全校性"创业教育的概念。尽管如此，这些理念尚未在所有高校教师和学生家长中得到充分认可，因此，推广这些理念至关重要。

二是政策要完善。国家已经推出了多项鼓励创业实践的政策，地方政府需要根据自身经济发展特点来制定相应的政策，高校则应在这些政策的框架下建立具体的执行制度。如果缺乏国家政策的支持，地方政府和高校的创业活动将缺乏动力；如果地方政府和高校不能有效实施政策，那么国家层面的指导文件也无法落到实处。

三是机构要齐备。从国家到地方再到学校，都应设立专门负责创业实践的部门，以确保创业实践体系规划、方案制定和活动开展得到妥善管理。如果这些职能被其他部门兼顾，创业实践可能无法得到足够的组织关注，从而影响执行效果。

四是机制要顺畅。上级机构不应仅限于通过文件发布、会议召开和检查来推动工作，还应在各级创业实践管理部门之间建立有效的沟通渠道，促进正式和非正式的交流，以便及时分享成功经验并解决政策实施中的问题。

三、创新创业教育与专业教育相结合相关要素间的融合关系

要实现创新创业教育与专业教育的融合，关键在于深入理解二者在教师团队和课程结构等层面的深度整合，掌握它们有效结合的策略和方法对于取得实际成效至关重要。

（一）师资队伍的融合

在创新创业教育生态系统中，高校的创业教育师资配置呈现出一种多元融合的模式，被称为"三师型"模式。这种模式下，师资团队被划分为3种类型：专业型、兴趣型和公益型。

专业型教师主要来自管理学和经济学等商业相关领域，负责教授创业理论知

识。兴趣型教师则由来自各个学科的专业人员和政工干部组成，他们在授课过程中结合自己的专业知识和创业知识进行教学。公益型教师通常由校友、企业家和公益活动家担任，他们的实际创业经验对于学生的启发和示范作用极为重要。

为了实现"三师型"模式的有效融合，一方面需要建立一个结构合理的师资队伍，确保专业型、兴趣型和公益型教师的均衡配置；另一方面，需要提升教师在理论、专业知识和实践技能三方面的综合素质。具体来说，专业型教师应增强创业实践能力并加深对相关专业知识的掌握；兴趣型教师则需要在创业基础理论和实践方面接受更多培训；而公益型教师应在创业理论和相关学科知识上有所拓展。

当前，专业学科教师转型为创新创业教育教师的情况并不普遍，同时具备理论、学科和实践能力的创业教师也相对较少，这表明创新创业教育和专业教育在师资整合方面还有待加强和完善。

（二）课程体系的融合

高校创业课程体系存在着"互利共生"的融合关系。"共生"是生态系统中的一种自然现象，"按照共生行为的能量与利益关系特性，生态系统中的共生具有以下几种行为模式：互利共生（mutualism）；寄生（parasitism）；共栖（commensalism）"。在生态关系的不同类型中，寄生关系会导致一方受益而另一方受损；共栖关系中，一方获益而另一方既不获益也不受损；互利共生关系则使双方都获得利益。将这一概念应用于创业教育与专业教育相结合的课程设计中，我们可以看到两种不同的趋势：一是将创新创业教育完全融入专业教育中，这类似于生物间的寄生关系，其中创新创业教育得到充分实施，但专业教育的效果受到限制；二是在专业教育中穿插创新创业教育元素，这类似于共栖关系，创新创业教育起到一定作用，但并未加深专业教育的层次。

创新创业教育生态系统通过采用"融合""转化"和"转移"的课程设计理念，建立了一个由创业基础课程、创业发展课程和创业体验课程组成的互利共生的创业课程体系，从而实现了两者的相互促进和共同发展。在这里，"'融合'指把所有特征（例如带薪实习这种方式）融合到一起，便于学生将特征关联；'转化'指理论课程在传授学生专业知识的同时转化学生理念，培养企业所需要的特征（使用知识的途径、技术和态度);'转移'是指将技能的理论状态转移到实际情景下的应用状态"。

换言之,这种整合远超出了仅仅将创新创业教育与专业教育相连那么简单。它基于这种联系,进一步将创新创业教育的理念深入植入专业教育的整个流程,确保创新创业教育在专业教育的支持下进行,同时让专业教育受到创新创业教育的指导。这种做法不仅促进了创新创业知识和专业知识之间的互动和转化,而且课程体系还模拟了真实的创业氛围,为学生提供了综合应用其创新创业知识和专业知识的实践平台,帮助他们通过参与创新创业实践来加深对理论的理解。只有在高校的创新创业教育课程设计中建立起这种有效的互利共生关系,专业教育和创新创业教育才能实现真正的互动、渗透和共同进步。

四、产学研一体化的合作关系

创新创业教育生态系统中的产学研一体化合作关系是指,高校在开展创业教育的过程中,为实现培养创业人才、推动科学研究、服务经济发展的基本目标,以教学科研推动产业发展、以产业发展助力教学科研,由此与政府、企业建立起来的互促互惠的一体化合作关系。

(一)互促互惠性合作关系

产学研一体化的协同发展关系带来的相互促进和共同利益表现在三个主要方面:

第一,高校通过这一合作关系能够获得资金支持,同时提升教育质量和人才培养水平。一方面,大学教师和学生可以依托其在专利技术上的优势,既可以通过授权专利或以专利技术入股的方式从企业获得资金,也可以通过自己创办公司来盈利;另一方面,大学通过进行具有市场潜力的科研和教学活动,让学生掌握企业急需的专业技能,同时通过企业家为学生提供创业咨询和企业提供的实习机会,增强学生的创业实践技能。

企业能在其中获取专利授权、人才支持。一方面,由高校直接或间接提供的专利、产品许可证是企业寻找商机的重要渠道,当企业获得特定领域的专有权利时,它们可以在一段时期内保持明显的市场优势,从而增加经济收益。另一方面,大学通过安排学生到企业实习和提供员工培训服务，能够为企业提供人才、技术和创新思维上的支持，从而提高企业的运营效率和市场竞争力。

政府可通过这种合作模式能够实现其促进经济增长和社会福利的目标。政府通过资助创业教育、激励创新创业活动、支持高校与企业的合作等手段，帮助建立产学研一体化的合作体系。这不仅促成了大量创新型中小企业的成立，还为大学毕业生提供了就业机会，进而形成了以高等教育机构为核心的区域性经济集群，这些集群汇聚成推动国家经济发展的强劲动力。

（二）一体化合作关系

产学研一体化合作关系不仅体现在互促互惠方面，而且体现为产业、教学、科研的一体化发展趋势。"每一个领域也在扮演着其他领域的角色。大学在创建公司时扮演了企业的角色。一批由大学产生又被大学吸引的外围公司围绕着校园。政府，特别是地区和地方政府，在企业发展中扮演了新的角色：鼓励科学技术研究的发展，以此作为公司创建的基础，特别是在以前缺乏这种能力的地区。企业则不仅和大学也和其他公司分享知识，并且以准学术的模式通过战略联盟进行彼此合作，因此它的角色也类似于大学"。

产学研一体化合作模式的整合性质不仅体现在高校、企业和政府在整体结构中的各自角色和集体协作，还体现在它们各自功能上的融合。前者突出了在明确分工基础上的紧密合作，后者则着重于不同功能间的和谐统一。

前者的显著价值在于，在当前普遍存在的高校不愿意或不擅长创办企业，以及企业不愿意或无法进行科研活动的大背景下，通过提倡高校、企业和政府之间的合作，实现产学研协同工作的综合效能。后者则预示着未来产学研合作的发展方向。高校仍然肩负着培养人才的使命，而企业则以追求经济利润为首要目标。无论他们在产学研一体化的功能融合上进展如何，都应该清晰界定各项功能的优先级，确保在这一整合过程中不会失去发展方向。

第三节　构建高校创新创业教育体系

推进创新创业教育是高校为国家战略和地方经济发展服务的重要措施。教育部在 2010 年印发的《关于大力推进高等学校创新创业教育和大学生自主创业工作的意见》中指出"在高等学校中大力推进创新创业教育，对于促进高等教育科学发展，深化教育教学改革，提高人才培养质量具有重大的现实意义和长远的战略意义。"在 2021 年《中华人民共和国国民经济和社会发展第十四个五年规划和2035 年远景目标纲要》中提出，建设高质量本科教育，推进部分普通本科高校向应用型转变，推进产教融合平台建设。目前，我国应用型本科院校已经成为创新创业教育发展的重要力量。各应用型本科院校都在积极开展创新创业教育改革，研究和探索高校创新创业教育模式。在培养专业人才的同时,融入学生创新精神、创业意识和创新创业能力的培养。通过调整教育理念、改革培养目标、重构课程体系等，把创新创业教育融入专业人才培养全过程，进一步促进创新创业教育的发展。

一、高校创新创业教育存在的问题

（一）创新创业教育与思政教育结合度低

目前创新创业教育存在"重能力、轻思想"的现象，忽视了创新创业教育是高校"全员育人、全程育人、全方位育人"中的重要一环。创新创业教育与思政教育结合度低，导致思政教育未能在创新创业教育中充分发挥思想引领作用。

（二）人才培养与产业发展需求契合度低

一是人才培养方案在设计上理论性较强，实践性弱，课程设置不能满足产业发展需求；二是部分专业教师和创新创业教育课程老师缺乏产业经历和创业管理经验；三是创新创业教育平台与产业融合度低。

（三）创新创业教育与专业教育融合度低

创新创业教育课程局限为选修课、课外活动、讲座等，没有和高校人才培养模式改革、教育教学体系中的专业教学有机结合。专业课教学内容局限于书本，方法过于单一，以传授—强化—记忆为过程的填鸭式传统教学为主，未能引入创新创业教育元素，不利于学生创新思维和创业意识的培养。

（四）创新创业教育对科研资源利用度低

创新创业教育具有实践性、实战性的特点，开展创新创业教育需要有足够的实践平台资源，仅依靠学校创建的创新创业基地无法满足全体学生的需要。学校的每位博士、教授均配有科研实验室，实践资源丰富，但是未能加以充分的利用。

二、高校创新创业教育体系

坚持"一个引领""两个结合""三个融合""四个平台"，在产教融合背景下，推动创新创业教育发展，培养一大批全面发展、特色鲜明的高素质创新型人才，服务地方经济发展。

（一）强化"一个引领"，发挥创新创业价值引领功能

"一个引领"，即"价值引领"。创新创业教育是高校"全员育人、全程育人、全方位育人"中的重要一环。利用"本科生导师制"，通过导师指导大学生参加学科竞赛和科研以及课题组组会等环节，结合实际，适时对学生进行理想信念、社会责任、职业道德、学术伦理等方面的思想教育，潜移默化地提升学生的职业使命感和荣誉感，实现思政教育入脑入心。

（二）完善"两个结合"，汇聚创新创业教育动力源泉

1. 结合项目驱动

探索"科研＋创新创业"协同育人机制，将科研成果通过学生的创新创业项目进行成果转化。实行"本科生导师制"，积极引导学生尽早进入博士教授科研课题组，在导师指导下，以挑战杯、互联网＋等学科竞赛为抓手，以实践实训项目、"大创项目"和教师科研课题为基础开展创新创业活动，将教师科研资源转化为创新创业教育资源。

2. 结合赛事驱动

以大赛为载体，第一层级广泛发动、培养兴趣；第二层级确定方向、强化训练；第三层级以赛带练、以练促赛；第四层级凝练精品、重点孵化。构建了"校赛—

省赛—国赛"递进推荐和"初赛—复赛—决赛—展示"四阶段创新创业竞赛体系，积极参加"互联网+""挑战杯""创青春"等创新创业竞赛，师生参赛热情高涨。

（三）坚持"三个融合"，构建创新创业人才培养新机制

1 融合专业教育

以现有创新创业系列选修课为试点，创建互动型学习示范课，推动教师在专业日常教学中自觉融入创新创业教育的理念与思想。以培养学生创新创业能力为目标，密切联系实际，精选教学内容，开发体现"理论学习、基本操作训练和综合实践探究"三者有效融合的程序问题教学方案，在内容与呈现方式上强调可操作性、亲和性、创新性，极大增加了学生的教学参与度，对知识的渴望和探究度，促进创新思维能力的提升。

2. 融合实验实践教学

加大实践实训资源投入。改善硬件设施，引入虚拟仿真软件，加强模拟训练和实践环节，切实提高学生创新创业能力和实践应用能力。

实施实验实践教学试点工程。促进创新创业实践活动与实验实践教学有效衔接、与学生的兴趣和专业特长高度融合，并为在实验实践教学中产生的优秀项目和学生提供政策保障和资金扶持。坚持校企协同育人、协同创新思想，积极探索专业实习模式改革，形成了集"专业见习—专业实习—学生就业—科技研发"于一体的新型多功能实践基地。

3. 融合产业发展

在相关产业开展广泛调研，获得产业对人才需求的第一手资料，并邀请行业专家共同参与研究论证，结合企业的实训平台，构建高质量、可操作的以满足产业需求为导向的应用型人才培养方案。方案包含"通识教育课程、专业课程、实践教育课程，创新创业类课程（如科技创新类、创业类综合实践课程），将实践类课程学分增加至总学分的35%。

通过全职引进行业领军专家、聘请企业专家担任兼职教师、建立教师企业挂职对接产业的长效机制打造了一支"双师型"教师队伍，实现创新创业教育与产业相结合、专业教育与创新创业教育相融合、课程内容与职业标准相对接。

通过校企合作，构建创新创业教育平台，培养满足产业需求的具有较强创新

创业能力的高素质应用型人才。基于地方产业集群，依托产业学院的发展，紧密结合区域优势产业，进一步拓展了共建主体，完善多主体育人体系。

（四）建设"四个平台"，打造创新创业教育生态系统

1.建设多主体协同育人平台

深入推进校企共同参与人才培养全过程。推进校企双方共同研究专业设置、共同设计人才培养方案和课程体系、共同开发课程和教材、共同组建教学团队、共同建设实验实训实习平台、共同制定专业建设标准和人才培养质量标准，实现人才培养面向地方产业转型发展和区域经济社会需求、学生职业胜任力和持续发展能力强化、学生实践和创新能力提高等目标。

优化完善人才培养方案，做到与时俱进动态调整。人才培养方案要充分考虑产教融合特色以及应用型人才、技术技能型人才培养要求，根据产业发展的需求变化，动态调整培养方案；在素质教育、专业课程、教学评价等方面，融入创新创业教育，全方位推进学生创新创业教育，有效提升学生创新创业能力。

产学合作创新教学方法。根据应用型人才培养的要求，提高实习实践类课程比例，实践教学（包括集中性教育实践、课内实验/实践、独立设置实验实训课）学分超过总学分35%。安排专业实习1学期、毕业论文1学期，加上集中实践类课程教学、教学实践周活动、专业见习活动等，实践教学时间累计超过1学年。

2.建设高水平教师队伍平台

加大教师交流培训力度，不断提升教师队伍水平。与相关高校、政府部门、行业协会等开展广泛合作，聘请了多名校内外资深专家、企业家担任创新创业教育导师；制定科学的师资培养计划，为教师提供系统的培训，邀请行业专家或产业领军人物为专职教师进行授课，在拓宽专职教师知识面的同时，不断提高业务能力。

建设教师培训基地,定期开展师资培训。建立"双师型"教师培养培训基地，每年选派1—2名专任教师到企业挂职工作或实践锻炼，期限一般为半年，同时开展定期的教师培训，建设师德高尚、素质优良、结构合理的高水平"双师型"师资队伍。

3. 建设校企合作课程平台

聘请企业高管和创业成功者担任创新创业培训的指导教师；聘请企业工程技术人员和管理人员作为指导教师担任基地实践教学指导工作和创新创业项目的指导工作，项目指导实行校企双导师制；导师队伍引入投资、金融、运行、管理等多方面校内外专家，提升学生创新创业项目质量。

邀请生产企业的技术专家担任教师，将真实的生产和技术开发工作环境作为重要教学资源，根据实际需要，课程内容可选择企业生产一线的具体案例，并安排学生到生产一线去参观和现场操作，并由企业教师全程讲解。

4. 建设实习实训协同创新平台

（1）校企合作共建实习实训基地。整合学校实践教学基地，与相关企业建设专业实习实训基地，进一步完善基地设施，拓展实验实习实训内容。

（2）校企合作指导学生开展项目式学习。充分利用校企实训和协同创新资源，将学生组织成学习小组，在校企导师指导下开展与专业学科相关的小项目或课题的科研活动，让学生直接参与实际的科研活动，了解和熟悉项目研究的全过程。

第四节　创新创业人才培养路径

一、创新创业人才培养存在的问题

（一）课程设置与市场需求不匹配

当前，许多高校的课程设置和教学内容仍停留在传统的知识范畴，无法满足市场对于创新创业人才的需求。教学内容缺乏实践性，有些高校的创新创业教育课程设置虽然较为齐全，但课程主要以理论知识为主，缺少实践性。这会导致学生缺乏对实际创业环境的了解和应对能力。教学方式单一，部分高校创新创业教育仍然采用传统的讲授式教学模式，忽视了学生个体差异，未能发挥学生创新创业的主观能动性和自主学习能力，忽略了学生在创新创业实践上的拓展和锻炼。

（二）专创融合的师资队伍薄弱

高素质的师资队伍是创新创业教育的重要保障，但部分高校的创新创业教育师资力量相对薄弱，缺乏具备实践经验的教师，无法满足学生对实践和创新创业的需求。另外，创新创业人才培养需要涉及多个学科领域的知识，包括市场营销、金融、创业法律等。然而，目前许多学校的创新创业教育缺乏与其他学科的跨学科合作，这导致教师无法提供全面的创新创业知识和技能培养。

（三）有效创新创业平台的不完善

创新创业需要提供丰富的实践机会，配套建立创新创业基地等平台，为学生提供实践场地和良好的创业环境，但当前实践环境不完善，一些高校没有建立创新创业实践基地、创业孵化器等平台，很多高校缺乏与行业合作的平台，限制了学生的实践成长，学生无法在真实的商业环境中实践创新创业。

（四）学生自身素质和意愿不足

创新创业人才培养需要学生具备一定的素质和意愿，但是部分学生缺乏自主学习能力、创新思维能力和创业意愿。实际的创业经验是创新创业人才成长的关键因素之一，但是学生缺乏实际创业经验，部分学生由于各种原因无法获得实践机会，导致他们的创业能力得不到有效提升。需要引导学生树立正确的人生观和价值观，提高他们的心理素质和创新精神。

（五）政策和资金支持的缺乏

创新创业人才培养需要大量资金和政策支持，但是创新创业专业人才培训在政策和资金支持方面存在政策指导不明确、资金投入不足、执行力度不够等问题。第一，缺乏明确的政策指导。目前，关于创新创业专业人才培训的政策指导还不够明确和具体。缺乏对该领域培训的具体要求和支持政策。第二，资金支持不足。创新创业专业人才培训需要投入大量的财政资金用于师资培养、实践项目开展、创业基金等方面。然而，目前对于该领域的资金支持往往不够充分，导致培训项目的开展受到限制。第三，政策执行力度不够，即使有一定的政策和资金支持，但在具体执行过程中，可能存在执行力度不够的问题。政策执行环节中的各项审批程序繁琐、工作效率低下等问题影响了政策落地的效果。

二、创新创业人才培养实践路径

（一）优化人才培养方案

第一，优化课程设置。针对市场需求，合理设置课程内容，注重理论与实践相结合，培养学生的实际操作能力和创新思维。针对创新创业教学的要求，优化教育资源和课程设置，开设新的课程，涵盖领域广泛，为学生提供更多选择和机会，帮助学生更好地适应社会发展的需要。例如开设产业创新学、网络营销课程、创业基础、商业模式设计等，加强对学生的行业素养和市场意识的培养。建设以实践为导向的教学体系，加强学生的实践能力培养。加强学科交叉与整合，融合线上和线下多渠道资源，提供大量机会如由企业家、投资人、行业专家等来客座授课。

第二，加强实践教学。可以组织学生到企业或创业基地实习、参观，让他们深入了解行业的发展现状，拓宽视野，增长经验。此外，还可以推出各种实践性课程，如创业模拟、市场调研、商业计划书撰写等，让学生在实践中学习和提升自己的能力。推进实践教学，通过实习、毕业设计等实践环节，提高学生的实际操作能力，让学生了解行业内部的运作和管理模式，为创新创业打下基础。

（二）强化专创融合的师资队伍

培养创新创业人才需要有一支高素质的师资队伍。第一，建立多层次、多领域的师资培养机制。通过与相关行业企业加强合作，邀请业界专家和成功创业者担任兼职或客座教授，提供实践经验和创业案例分享。同时，加强对现有教师的专业培训和继续教育，使其具备更全面的创新创业知识和能力。第二，建设创新创业导师团队。组建一支由创新创业领域具有丰富经验和知识的专业人士组成的导师团队。导师既可以是学校内部的教师，也可以来自行业企业或专业机构。他们可以为学生提供个性化的指导和咨询，帮助学生解决创新创业过程中的问题，并提供实际的操作指导和资源支持。第三，加强学科交叉融合。鼓励专业教师积极参与相关学科的研究与交流，与其他领域的教师展开合作研究项目。通过跨学科的交流与合作，可以拓宽师资队伍的知识面和视野，为学生提供更全面的创新创业培养。

（三）提供优质的创新创业平台

第一，学校建立创新创业平台。如创业孵化器、创客空间等，为有创业想法的学生提供支持和资源。这些平台可以提供创业辅导、技术支持、资金扶持等服务，帮助学生实现创业梦想。此外，邀请行业专家和投资人到校，与学生进行交流和互动，增强学生的创业意识和实践能力。第二，为学生提供创新创业实践机会。通过大学生创新创业项目、创业比赛等形式，鼓励学生运用所学知识，参与到实际的创业项目中去。同时，学校也可以与当地企业合作，为学生提供实习机会，让他们更好地了解行业的现状和发展趋势，进一步与行业相关企业建立联系，共同探讨如何将旅游资源、特色产品转化为商业机会。第三，校企联合。《现代产业学院建设指南（试行）》明确提出：在特色鲜明、与产业紧密联系的高校建设与地方政府、行业企业等多主体共建共管共享的现代产业学院。提供创新创业的实践平台，让学生在这些平台上进行创业尝试，获取切实的创业经验。加强行业合作，建立与企业、政府机构等的紧密联系，开展联合研究和项目合作，为学生提供更多的实践机会和资源支持，培养创新创业人才。

（四）提高学生的创新意识和能力

第一，通过各种方式提高学生的创新意识和能力。开展创新创业类课程、比赛等活动，培养学生的创新思维和实践能力，同时，邀请成功的企业家或投资人来校进行讲座或实地考察，让学生更深入了解创新创业的机会和挑战。第二，强化团队协作能力。创业不是一个人的事情，团队协作能力是非常重要的。因此，在专业教育中，加强学生的团队协作能力培养，如开展团队合作项目、制定团队合作规则等。同时，鼓励学生多参加社团活动和志愿者服务，提高他们的组织协调能力。第三，组织竞赛。通过举办比赛等形式来激发和提升学生的创新创业热情，为学生提供展示自己的机会，学习新的创新创业理念和思想。

（五）提供资金和政策支持

第一，加强资金支持。学校设立专门的创新创业基金，为有创业想法和创新项目的学生提供资金支持，通过评审机制，鼓励优秀的创新创业项目得到资金支持，推动学生的创新创业活动。政府也可以出台各种扶持政策，如税收减免、贷款优惠等，同时，为创业者提供相关的培训和咨询服务，帮助他们更好地进行创业。第二，促进高校与行业的深度合作。高校积极与企业、行业协会等机构合作，开展校企联合培养、创新创业实践项目，让学生能够更多地接触到真实的市场和模拟商业环境，增强实践和实战经验。此外，与行业合作还能确保教育内容与行业实际需求相符合。

第六章　结　语

第一节　研究结论

本研究从师资配置、理论教学、实践活动、服务平台、激励政策等 5 个方面研究高校开展创新创业教育的现状，为高校开展创新创业教育提供指导，评估高校创新创业教育的适用性和可行性。

根据问卷调查分析可知，当前创新创业教育在师资配置、理论教学、实践活动、服务平台、激励政策等 5 个方面发展处于较高水平。从本次研究结果来看，从高到低层次依次为：实践活动层次最高，激励政策层次次之，理论教学层次最低。

根据访谈结果分析，提出 5 个方面共 35 条措施的高校创新创业教育发展策略（图 6-1）：一是 8 项措施强化师资配置；二是 7 项措施加强理论教学的；三是 7 项推进实践活动措施；四是 6 项举措推进服务平台；五是 7 项措施完善激励政策。

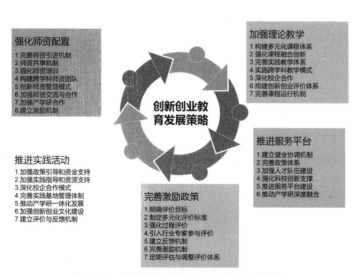

图6-1　广西高校创新创业教育发展策略

经专家评估，高校创新创业教育发展策略 5 个方面的适用性和可行性均处于最高水平，数值在 4.00—5.00 之间，说明高校创新创业教育发展策略具有适用性和可行性。

第二节 讨 论

广西高校创新创业教育发展策略研究，研究者将讨论总结为三个部分，具体如下：

第一部分：广西高校创新创业教育发展现状。

第二部分：广西高校创新创业教育发展策略。

第三部分：广西高校开展创新创业教育指导意见的适用性和可行性。

一、第一部分：广西高校创新创业教育发展现状

（一）师资配置处于高水平

从研究结果来看，平均值最高的是管理者"聘请足够数量的教师""聘请校外优秀企业家、专家和创业典型"，平均值最低的是"打造一支具有一定水平的师资队伍"和"有专兼结合、结构合理的创新创业教育教师队伍"。

平均值最高的"聘任数量足够的教师"和"聘任校外优秀企业家、校外专家和创业典范担任创新创业教师"，这是因为这些方面直接关联到教育质量的提升和实战经验的融入，从而被高度重视和有效实施。相对而言，平均值最低"有专兼结合、结构合理的创新创业教育教师队伍"，可能是因为该指标在实际操作中涉及的因素更为复杂，如教师队伍的专业背景、教学经验、研究能力、以及兼职与全职教师之间的比例和协作等，这些都需要细致而长期的规划和调整。高校要构建多元化的创新创业教育师资队伍，包括校内专任教师、校外兼职导师等，以确保创新创业教育的质量与效果。

蒋欣（2021）也有类似的观点。师资队伍的数量和质量影响着创新创业教育的全局，高校应在现有教师队伍的基础上进一步完善创新创业师资人才的引进、

培养和使用，着力打造一批高水平师资队伍，做到配备足额数量，控制师资质量，实现专兼结合与协同合作。

（二）理论教学水平较高

从研究结果来看，"必修课与选修课"和"理论与实践课"平均值较高，位居前两位。平均值最低的是"创新创业教育融入专业教育"。

平均值最高的是"开设丰富的必修与选修等有机融合的创新创业教育课程"和"开设丰富的理论与实践等有机融合的创新创业教育课程"，这是因为这些方面为学生提供了多样化的学习选择，同时注重了理论与实践的结合，有助于培养学生的综合素质和创新能力。相比之下，平均值最低的"将创新创业教育融入专业教育"，是因为在实际操作中，将创新创业教育与专业教育有效融合需要深入的教学改革和课程设计，以确保两者之间的协同和互补，而这往往是一个复杂且需要长期探索的过程。因此，尽管整体理论教学水平较高，但在将创新创业教育与专业教育融合方面仍需进一步加强研究和实践。

加强专创融合方面，赵雪萍（2023）认为一是健全专创融合的针对性指导政策，整合各个层面、各类主体、各种平台的资源，针对性指导和保障创新创业教育融入专业教育，二是完善高职院校专创融合的支持机制，以此驱动高校专创深度融合，三是完善行业企业参与的专创融合的考核评价体系，及时反映监控专创融合各环节的情况，确保创新创业教育与专业教育融合的质量，进而提升创新型人才培养质量。

（三）实践活动呈现高水平

从研究结果来看，平均值最高的是"参加创新创业大赛"和"组织创新创业培训项目"，平均值最低的是"建设一批校企合作实践基地"。

实践活动水平高，这反映了高校在培养学生创新创业能力方面的积极努力。水平最高的是"参加各类大学生创新创业大赛"和"开展创新创业训练计划项目"，这是因为这些活动直接涉及学生的实践操作和创新能力培养，能够有效地提升学生的实战经验、团队协作能力以及创新思维。同时，这些活动往往具有明确的成果导向，如获奖、项目落地等，容易量化和评估，因此得到了较高的重视和投入。相比之下，水平最低的是"建设校企合作实践基地"，这是因为校企合作实践基地的建设涉及多方面的因素，如企业合作意愿、学校资源配置、政策支持等，难度较大。同时，实践基地的长期运营和维护也需要持续的投入和管理，对于高校来说是一个较大的挑战。此外，实践基地的效果往往难以在短期内显现，也增加了其建设的难度和不确定性。

杜函芮（2023）也有类似的观点。依托于高校生态系统中各类主体的资源和企业，学生能够基于自身的兴趣和专长开展创业实践，通过"真刀真枪"地体验路演、融资、迭代创新、扩大生产等创业必经之路，为日后真正走向创新创业积累经验和丰富阅历。

（四）服务平台水平较高

从研究结果来看，平均值最高的是"搭建校园创新创业平台"，其次是"制定选拔退出机制"，平均值最低的是"构建完善的创新创业管理体系"。

服务平台水平高，反映了高校在构建创新创业支持体系方面的积极进展。水平最高的是"建设有校内创新创业平台"，这是因为校内平台作为直接服务于学生的基础设施，对于激发学生的创新创业热情、提供便利的资源和服务起到了关键作用。校内平台通常更容易与学生的需求相对接，因此得到了高度重视和建设。其次是"有入驻平台的选拔、退出机制"，这说明高校不仅注重平台的建设，还关注平台运营的质量和效率。通过设立选拔机制，可以确保入驻项目的质量和潜力，而退出机制则有助于保持平台的活力和动态更新。这些机制的存在有助于提升平台的整体运营水平和服务质量。然而，水平最低的是"有完善的创新创业管理机构"，这是因为管理机构的完善需要较长时间的积累和实践，同时还需要投入大量的人力、物力和财力。管理机构的职责涉及创新创业活动的规划、组织、协调和监督等多个方面，其完善程度直接影响到创新创业服务的全面性和系统性。

蒋欣（2021）有类似的观点。为了保证创新创业管理工作进程得到扎实有效地推进，必须重视校内参与双创教育工作的管理机构建设，形成上传下达、协同配合的机构运转状态，一是要建立权责分明的工作机制，确认每项活动的参与机构的职责所在与业务分工，形成清晰明确的行政组织体系结构以防止多头领导、推诿扯皮、职责混乱情况的发生，二是建立信息交换机制，高校内部应着力构建各行政机构之间的信息传输与接收机制，确保各机构在开展创新创业教育工作时拥有通畅的联系渠道，三是建立资源共享机制，各机构之间在开展创新创业教育工作时要统一思想，尽可能将部门拥有的人力、物力、财力资源进行合作共享使用，通过将功能不同、分工有别的部门进行资源整合以打通资源壁垒、实现协同发力，共同提高育人实效。

（五）激励政策水平较高

从研究结果来看，平均值最高的是"设立专项资金"，其次是"建立创新创业教育激励机制"，平均值最低的是"公平有效的创新创业评价"。

激励政策水平高，反映了高校在推动创新创业发展方面的积极态度和有效措施。水平最高的是"设立专项资金"，这是因为专项资金具有直接、明确且有力的支持作用，能够为学生提供创业所需的资金帮助，降低他们的经济压力，从而更专注于创新创业项目的开展。专项资金的设立通常意味着高校对创新创业的高度重视和实质性投入。其次是"建立创新创业教育激励机制"，这表明高校不仅注重资金支持，还关注通过激励机制来提升学生的创新创业积极性和参与度。这种机制可以包括奖学金、学分认定、优秀项目评选等多种形式，旨在从多个角度激发学生的创新精神和创业热情，培养他们的实践能力和团队协作能力。然而，水平最低的是"制定公平、有效的创新创业评价体系"，这是因为评价体系的建立涉及多个维度和指标，包括项目创新性、实用性、市场前景等，需要综合考虑各种因素，确保其公平性和有效性。同时，评价体系的实施还需要与学校的整体教学管理和考核机制相协调，以确保其可操作性和可持续性。

刘珍（2021）也有类似的观点。推动创新创业生态健康的深层次发展需要将创新创业教育的战略协同和组织协同建立在科学合理的评价机制上。建立既具有独立性又具有权威性的第三方专家评审机制体系，同时，将评价标准向长效化、常态化转变，并在评价过程中提高学生表达的话语权。

二、第二部分：广西高校创新创业教育发展策略

（一）强化师资配置

在创新创业教育领域，教师队伍的素质要求比传统教育领域更为苛刻，涉及

专业性、理论深度、实践技能和综合能力等方面。这些教师团队的构建直接影响到高等教育机构中创业相关课程的教学效率、进度，乃至教学质量的好坏。

为了确保教师资源充足并且多样化，高校不仅要依靠内部的全职教师，还应该积极邀请有着成功创业经验的企业家、公司的高级管理人员、科研工作者、财务专家、艺术家、风险投资者等担任兼职讲师。同时，那些创办了知名企业的校友、天使投资人、法律专业人士也经常作为特邀嘉宾参与教学，与学生分享他们在企业运营中的实战经验和案例。

蒋欣（2021）认为，通过建立明确的评聘标准提升创新创业师资的准入门槛，将不同层次类型的教师资源进行优势整合以形成年龄结构、职称结构、专业结构科学合理且能够发挥协同功能作用的师资队伍。

（二）加强理论教学

实施创新创业教育必须依托于坚实的理论讲授基础。随着创业教育课程内容和教学方法的不断扩充与丰富，这些对于实现创业教育目标具有至关重要的影响。高等教育机构中创新创业教育生态系统的全面进步，关键在于强化创新创业课程体系的构建，设计跟上时代步伐的教学方式，并且持续更新与完善相关的教材和课程内容。

黄兆信（2022）强调，创新创业教育并不仅仅是高等学校发挥作用，还要求政府、产业、金融、中介、科研院等利益相关者协同联动、共同发力，从而弥补创新创业教育生态体系内存在的短板，促进创业教育和专业教育深度融合。

（三）推进实践活动

参与实际的创业活动能够提升实践经验和加强实践技能。在构建高校创新创业教育生态系统的过程中，企业扮演了一个不可或缺的角色。通过校企合作，可以对高校的创新创业教育体系的稳定性和有效性产生显著影响。在这种合作关系中，企业不仅有机会发掘和培养潜力人才，为自己的人力资源储备提供保障，同时还能从高校那里获得创新的理念和前沿的研究成果，为企业的发展注入活力。此外，通过与高校合作，企业能够在资金、信息、场地、设施等方面为高校的创业教育和生态系统建设提供支持。

王生龙（2018）认为，高校创新创业实践活动机制的构建应该从顶层设计入手，成立高校创新创业专门机构，同时以高校创新创业实践活动体系的构建为核心、以完善的支持体系为支撑，构建一个三层次的立体的创新创业实践活动机制，创新创业教育实践活动是大学生提升创新创业能力的第二课堂，对高校培养大学生的动手实践、创新思维、就业竞争力等方面发挥了极大作用。

（四）推进服务平台

创新与创业服务平台是提高创新创业教育水平的关键渠道，其建设的必要性和迫切性自不必多言。为了打造一个融合学校、社会、企业和政府资源的平台，高校必须首先确立前瞻性的建设理念，这样的平台应综合创新训练、创业实践和创业孵化等多重功能。构建和优化这样的服务平台需要在理论与实践相结合的基础上，作为一个不断进化的探索过程。高校需不断完善这一平台，增加多样化的创业环境，营造校园内的创新创业文化，并提供定制化的服务以支持创新创业活动。

孙世强（2021）认为，高校要提供机构、场地、经费、人员、政策等保障体系，不断完善运行机制，才能构建功能多元、运行高效的大学生创新创业服务平台。

（五）完善激励政策

在创新创业领域，激励措施对于生态系统的形成具有极大的影响力。各级政府在这一背景下投入的政策资源不仅规模空前，而且目标明确，这些政策推动了人才、技术和资金等关键资源的投入，并指导了这些资源流动的趋势。

马永霞（2022）强调，完善的高校创新创业激励政策能够有效激发大学生创新创业思维、意识与能力。有效利用生态系统中多主体共生协作的运行规律，建立健全统一的领导和管理组织机制，优化大学生创新创业教育的教育教学、管理制度及激励政策。

三、第三部分：广西高校开展创新创业教育策略的适用性和可行性

广西高校创新创业教育发展策略在 5 个方面的适用性和可行性均处于最高水平，数值在 4.00—5.00 之间，说明广西高校创新创业教育发展策略具有适用性和可行性。

（一）强化师资配置的适用性和可行性处于较高水平

适用性中，平均值最高的是"加强教师培训"和"加强教师交流与合作"。可行性中，平均值最高的是"加强教师培训"，其次是"完善教师引进机制"和"建立激励机制"。

教师培训对于增强创新创业课程的教学水平至关重要。高等教育机构通过组织创业教育相关的讲座、研讨会等活动，为从事创业指导的教师提供结构化的专业发展机会，这样的做法加强了教师在创业教学理论方面的知识储备，并将创新的教育理念深植于他们的教学方法之中，使其能够更有效地对学生进行个性化指导。

蒋欣（2021）认为，高校要进一步强化对创新创业教师尤其是青年骨干教师的培训，在条件允许的情况下建立创新创业教师培训基地开展针对式培养，也可通过定期举办培训交流会、集训班、头脑风暴等形式，结合国外访学、进修、交换培养等国际合作渠道提升师资自身的素质能力与水平，通过"点面结合、分层推进"的优化方式加快专兼结合的师资队伍质量提升速度。

（二）加强理论教学的适用性和可行性处于较高水平

适用性中，平均值最高的是"深化校企合作"，其次是"构建多元化课程体系"和"加强课程融合创新"。可行性中，平均值最高的是"构建创新创业评价体系"，其次是"构建多元化的课程体系"。

实施创新创业教育有助于推进大学在创业领域课程的专业化和科学化研究，进而激发该领域教学的活力。目前，以创新知识、理论研究、科研创新和技术转化为基础构建的教育生态系统已在高校中逐步形成。为了提升理论教学的质量，高校不断完善创业相关的课程群，建立完整的教材体系，并采用灵活的教学评估方法。

杜函芮（2023）认为，课程体系是高校开展创新创业教育最"硬核"的资源，也是高校的传统优势，其中包括各类专业课程、创新创业导引课程及实践性课程，打牢专业基础是推动基于专业与创新的创业的前提。

（三）推进实践活动的适用性和可行性处于较高水平

适用性中，平均值最高的是"建立评价反馈机制"，其次是"加强政策引导和资金支持"。可行性中，平均值最高的是"建立评价反馈机制"，其次是"加强政策引导和资金支持"和"完善实习基地管理制度"。

实际的创业活动不仅是追求高质量创新创业教育的理想平台，也是推进和突破创新创业教育生态系统建设的关键要素。高校利用创业竞赛、展览会以及校内外的众创空间等手段，为学生提供锻炼其创业技能的机会。此外，高校还应建立创新创业实践的持续指导机制，定期邀请专家来提供信息咨询、法律支持和培训指导服务，同时为每个创业项目指派专门的实践导师，根据项目的具体情况设计个性化的培养计划，并就项目在各个阶段可能遇到的运营挑战提供指导，确保指导工作的针对性和有效性。

李厚锐（2023）认为，在实践活动基础上，围绕文化氛围营造、创新能力培育和创业项目孵化构建创新创业转化平台，将创新创业社团、学生创新中心、创业训练营等作为创新创业教育系统构建的实践载体。

（四）推进服务平台的适用性和可行性处于较高水平

适用性中，平均值最高的是"推动服务平台建设"，其次是"完善政策体系"，平均值最低的是"促进产学研深度融合"。可行性中，平均值最高的是"推进服务平台建设"，其次是"建立健全协调机制"和"完善政策体系"，平均值最低的是"加强人才队伍建设"和"加大科技创新支持力度"。

创新与创业服务的平台作为培养高质量人才的关键设施和支持环境，扮演着扩散影响力和示范引领作用。这些平台不仅是有效进行创新与创业教学活动的场所，也加强了过程训练，并提高了学生的实践技能及综合素养。因此，高校需更加重视创新创业平台的建设，致力于创建全方位、多层次、特色明显，并且融合了创新实践与技能培训的综合性场所网络。

蒋欣（2021）认为，高校要建立信息化综合服务平台，将创新创业项目、社团活动、竞赛、实习、讲座、报告会等各类创新创业实践信息录入平台方便师生及时获取并关注。此外，将创新创业场所的房间、水电、设备、保洁、维修等公共服务信息纳入到信息平台，以提升运营效率，并开辟专设服务区供高校与各级政府、企业、金融机构等开展电子商务交流合作，促进校内师生创新创业智力成果的落地实施和转化。

（五）完善激励政策的适用性和可行性处于较高水平

在适用性中，平均值最高的是"明确考核目标"和"建立反馈机制"。在可行性中，平均值最高的是"明确考核目标"，其次是"完善激励机制"。

高等教育中的创新创业教育旨在培养学生的创新精神和创业技能，提升他们的就业能力。这一教育体系是由政府及其相关部门、社会各界企业、教育机构、学生及其家庭共同推动的，涉及多方面的创业要素和资源，它们相互协作、互动并产生影响。在这个系统中，激励政策是关键的组成部分。

李厚锐（2023）强调，为提升创新创业教育而制定的政策举措与激励措施，不仅包括开展创业教育培训，还包括资金、资源、制度等方面的支持，为高校创新创业发展提供保障。

第三节　建　议

一、强化师资配置

在创新创业教育中，强化师资配置的措施中，适用性和可行性水平最低的是"构建跨学科师资团队"和"创新师资管理模式"。这表明在实施策略中，要加强这方面。因此，研究者建议：

（一）构建跨学科师资团队

1. 明确团队目标与定位

首先明确跨学科师资团队的目标和定位，确保团队成员对创新创业教育的共同理解和认同。

2. 选聘与培训

在选聘时注重教师的学科背景和实际经验，同时提供跨学科培训，帮助教师适应并胜任跨学科教学。

3. 建立交流平台

创建跨学科教师交流平台，鼓励不同学科背景的教师分享经验、合作研究项目，促进知识融合与创新。

4.引入外部专家

邀请具有丰富跨学科经验的外部专家加入或指导团队，提供新的视角和方法。

（二）创新师资管理模式

1.需求分析

深入分析现有师资管理模式的瓶颈和问题，结合创新创业教育需求，明确改进方向。

2.灵活性与激励性

增加师资管理的灵活性，如实行弹性工作时间、提供远程工作机会等。同时，建立有效的激励机制，如设立创新教学奖、提供职业发展机会等。

3.参与式决策

在教师管理中引入更多参与式决策机制，让教师对创新创业教育的发展有更大的发言权和参与度。

4.定期评估与反馈

建立定期评估机制，收集教师对管理模式的反馈意见，及时调整和优化。

5.技术支持

利用信息技术手段提高管理效率，如建立师资数据库、在线培训平台等。

二、加强理论教学

在创新创业教育中，加强理论教学的措施中，适用性和可行性水平最低的是"完善课程运行机制"和"深化校企合作"。这表明在实施策略中，要加强这方面。因此，研究者建议：

（一）完善课程运行机制。

1.需求调研与分析

开展针对教师和学生的需求调研，了解当前课程运行机制存在的问题和挑战。分析调研结果，确定课程运行机制改进的优先级和具体目标。

2.优化课程结构

调整课程设置，确保课程内容与创新创业教育的目标和需求相匹配。引入跨学科课程，促进学生多元化知识体系的构建。

3. 完善课程评价体系

建立多元化的课程评价体系，包括学生评价、同行评价、社会评价等。定期对课程进行评价和反馈，及时调整课程内容和教学方法。

4. 强化课程管理

明确课程管理职责和流程，确保课程运行的顺畅和高效。加强对课程实施过程的监控和管理，及时发现问题并进行改进。

（二）深化校企合作

1. 明确合作目标与定位

与企业进行深入沟通，明确校企合作的目标和定位，确保双方利益的契合。制定详细的合作计划，包括合作内容、方式、时间等。

2. 建立稳定的合作机制

签订校企合作协议，明确双方的权利和义务。设立专门的合作管理机构或委员会，负责协调和管理校企合作事务。

3. 拓展合作内容与形式

除了传统的实习实训外，还可以探索共同研发、共建实验室、共享资源等更深层次的合作形式。邀请企业人员参与课程教学、讲座、工作坊等，增加学生对实际创新创业环境的了解。

4. 加强合作效果评估

建立校企合作效果评估机制，定期对合作成果进行评估和反馈。根据评估结果调整合作策略和内容，确保校企合作的有效性和持续性。

三、推进实践活动

在创新创业教育中，推进实践活动的措施中，适用性和可行性水平最低的是"推动产学研一体化发展"和"加强创新创业文化建设"。这表明在实施策略中，要加强这方面。因此，研究者建议：

（一）推动产学研一体化发展

1. 明确产学研一体化的目标与定位

确立清晰的产学研一体化发展目标，明确高校、企业、研究机构在其中的角色和定位。制定长期和短期的产学研一体化发展规划，确保各项活动有序进行。

2. 建立产学研合作平台

搭建高校、企业、研究机构之间的合作桥梁，促进资源共享和优势互补。设立专门的产学研合作项目，鼓励三方共同参与，形成合力。

3. 强化政策支持与引导

政府出台相关政策，对产学研一体化项目给予资金、税收等方面的支持。建立产学研一体化的评价体系和激励机制，鼓励更多主体参与。

4. 加强人才培养与交流

通过产学研一体化项目，培养具有创新创业精神和实践能力的人才。定期组织产学研交流会议、研讨会等活动，促进知识共享和经验交流。

（二）加强创新创业文化建设

1. 提升创新创业文化意识

通过宣传教育、讲座、研讨会等方式，提高师生对创新创业文化的认识和重视程度。将创新创业理念融入校园文化建设中，形成积极的创新创业氛围。

2. 举办创新创业活动

定期举办创新创业大赛、创业沙龙、创新项目路演等活动，激发学生的创新创业热情。鼓励学生参与社会实践活动，如企业实习、社会调研等，培养其实践能力和社会责任感。

3. 建立创新创业教育生态体系

设立创新创业指导中心或类似机构，为学生提供创业咨询、项目孵化、融资对接等一站式服务。加强与校外创业园区、孵化器等机构的合作，为学生创业提供必要的场地、资金等资源支持。

四、推进服务平台

在创新创业教育中，推进服务平台的措施中，适用性和可行性水平最低的是"推动产学研深度融合""加强人才队伍建设"和"强化科技创新支撑"。这表明在实施策略中，要加强这方面。因此，研究者建议：

（一）推动产学研深度融合

1. 明确产学研融合的目标与机制

确立产学研融合发展的具体目标，明确高校、企业和研究机构在其中的角色和职责。建立产学研深度融合的机制，包括信息共享、项目合作、成果转化等。

2. 加强产学研对接与交流

定期举办产学研对接活动，促进高校、企业和研究机构之间的交流与合作。建立产学研合作的信息平台，提供项目、技术、人才等方面的信息服务。

3. 强化政策支持与引导

政府出台相关政策，鼓励和支持产学研深度融合，提供资金、税收等优惠措施。加大对产学研融合项目的投入，推动其快速发展。

（二）加强人才队伍建设

1. 完善人才选拔与培养机制

建立科学的人才选拔机制，吸引和选拔具有创新创业精神的人才。加强对人才的培养和发展支持，提供必要的培训、实践和交流机会。

2. 引进外部优秀人才

积极引进外部优秀人才，包括成功创业者、企业家、行业专家等。建立与外部优秀人才的合作与交流机制，利用其经验和资源推动创新创业教育的发展。

3. 强化人才激励与保障机制

建立完善的人才激励机制，包括薪酬、晋升、荣誉等方面的激励。提供良好的工作环境和条件，以确保人才的创新创业活动顺利进行。

（三）强化科技创新支撑

1. 加强科技研发与成果转化

加大对科技研发的投入，支持高校和研究机构进行前沿技术和关键技术的研发。建立科技成果转化的机制，促进科技成果的商业化和产业化。

2. 建立科技创新平台与基地

建立科技创新平台和基地，提供必要的研发设施、仪器设备和资源共享服务。鼓励高校、企业和研究机构共建实验室、研究中心等创新平台。

3.加强国际交流与合作

加强与国际先进机构和企业的交流与合作，引进国际先进的科技成果和管理经验。鼓励师生参与国际科技合作项目，拓展国际视野、获得合作机会。

五、完善激励政策

在创新创业教育中，完善激励政策的措施中，适用性和可行性水平最低的是"强化过程评价"和"建立反馈机制"。这表明在实施策略中，要加强这方面。因此，研究者建议：

（一）强化过程评价

1.明确评价目标和标准

确立清晰、具体的评价目标，明确评价的重点和方向。制定科学合理的评价标准，确保评价过程客观、公正。

2.采用多元化评价方法

结合定量和定性评价方法，全面、深入地了解创新创业教育过程。引入第三方评价机构或专家，增加评价的权威性和公信力。

3.加强评价结果的运用

将评价结果作为改进创新创业教育的重要依据，及时调整教育策略和方法。将评价结果与激励政策挂钩，对表现优秀的个人或团队给予奖励。

（二）建立反馈机制

1.构建畅通的反馈渠道

设立专门的反馈平台或渠道，鼓励师生、企业和社会各界提供意见和建议。定期举办座谈会、问卷调查等活动，主动收集反馈信息。

2.及时处理和回应反馈

建立专门的反馈处理机制，确保每条反馈都能得到及时、妥善的处理。对重要或紧急的反馈进行优先处理，并及时回应相关方。

3.将反馈融入决策和改进中

充分利用收集到的反馈信息，分析创新创业教育中存在的问题和不足，将反馈意见作为改进创新创业教育的重要参考，不断完善相关政策和措施。

4. 建立激励机制以鼓励反馈

对提供有价值反馈的个人或团队给予一定的奖励或认可。通过公开表彰、经验分享等方式，激发更多人参与反馈的积极性。

第四节　未来研究

本研究虽已初步构建广西高校创新创业教育的发展策略框架，但尚未在实践中进行试点验证，也缺乏对理论成果在实际应用中的效果评估。今后，将努力将理论研究成果与高校实际相结合，实现理论与实践的深度融合。依托各类研究项目，旨在推动理论成果的实践转化，并在实践过程中不断完善和优化理论，最终形成一套具有推广价值的成果体系。

此外，由于实证研究中可能存在的受访者主观评价偏差，需要在后续研究中通过更大规模的样本实验进行反复验证，以确保研究结果的客观性和准确性。

本研究主要聚焦于广西高校创新创业教育发展策略的研究，但受限于个人水平和实践经验，本研究仅为初步探索。未来，将从以下三个方面深化研究：

一是深化创新创业教育发展的运行机制研究，以创新创业人才培养为核心，细化师资、课程、实践、服务及激励政策等要素的协同关系，并探索高校与产业间的创新创业网络构建。

二是加强创新创业教育发展策略的可行性验证。考虑到不同高校在组织、学科、资源及区域环境等方面的差异，我们将重点研究发展策略的顶层设计思路和原则，并探索如何根据高校特色进行创造性整合与协同，这是未来实证研究的难点，也是创新创业教育融入高等教育生态系统的关键。

三是完善创新创业教育发展策略的运行模式和质量评价体系。目前，这一体系尚不成熟，需在实践中进一步检验和优化，以确保其科学性和有效性。

参考文献

[1] 广西壮族自治区教育厅 . 自治区教育厅关于印发《广西高等教育振兴发展"十四五"规划》的通知 [EB/OL].(2022-01-04)[2023-08-05].http://jyt.gxzf.gov.cn/zfxxgk/fdzdgknr/tzgg_58179/t11143482.shtml.

[2] 陈孝彬 , 高洪源 . 教育管理学 [M].3 版 . 北京 : 北京师范大学出版社 ,2008.

[3] 杨天平 . 教育管理学基本范畴论 [J]. 南京广播电视大学学报 ,2005(1):11-16.

[4] 孙锦涛 . 教育管理学 [M]. 北京 : 人民教育出版社 ,2006.

[5] 罗双凤 , 叶安珊 . 教育管理学 [M]. 北京 : 中国人民大学出版社 ,2010.

[6] 杨景元 , 董奎 , 李文兰 . 体育教学管理与教学现状 [M]. 长春 : 吉林人民出版社 ,2019.

[7] 邓欢 . 湖南大学非洲来华留学生教育管理工作研究 [D]. 长沙 : 湖南大学 ,2014.

[8] 杨尊伟 . 改革开放 40 年我国高等教育管理体制改革的回顾与前瞻 [J]. 河北师范大学学报 (教育科学版),2018,20(5):13-19.

[9] 李立国 . 为 "科层制" 正名 : 如何看待科层制在高等教育管理中的作用 [J]. 探索与争鸣 ,2018(7):87-93+143+145.

[10] 周川 . 我国高等教育管理体制 70 年探索历程及其展望 [J]. 高等教育研究 ,2019,40(7):10-17.

[11] 周川 . 从管理体制改革到治理现代化 : 中国高等教育的时代命题 [J]. 高等教育研究 ,2022,43(7):22-28.

[12] E. 拉兹洛 . 用系统论的观点看世界 [M]. 北京 : 中国社会科学出版社 ,1985.

[13] 查有梁 . 系统科学与教育哲学 [J]. 华东师范大学学报 (教育科学版),1986(3):12.

[14] 林福永 . 一般系统结构理论及其应用 : 一般系统结构模型及其分析 (Ⅱ) [C]//1995 年中国控制会议论文集 (下),1995.

[15] 张化东 . 从系统理论的角度审视学习共同体 [J]. 现代教育技术 ,2006,16(5):4.

[16] 陆云泉 . 学校内涵发展的特点及推进策略 : 基于系统理论的分析视角 [J]. 首都师范大学学报 (社会科学版),2018(5):6.

[17] 吴鼎福 . 教育生态学刍议 [J]. 南京师大学报 (社会科学版),1988(3):5.

[18] 范国睿 . 教育哲学与教育科学 : 历史的观点 [J]. 华东师范大学学报 (教育科学版),2000(1):17.

[19] 张庆辉 . 生态学视野中的大学战略管理 [D] . 武汉 : 华中科技大学 ,2010.

[20] 贺祖斌 . 高等教育系统的生态承载力研究 [J]. 高等教育研究 ,2005,26(2):4.

[21] 郭玉清 , 夏文菁 . 开放教育视野下的高等教育生态研究发展分析 [J]. 中国电化教育 ,2016(8):8.

[22] DUNN K.The entrepreneurship ecosystem[EB/OL].(2005-09-01)[2023-05-03]. https://www.technologyreview.com/2005/09/01/230391/the-entrepreneurship-ecosystem/.

[23] 张昊民 , 张艳 , 马君 . 麻省理工学院创业教育生态系统成功要素及其启示 [J]. 创新与创业教育 ,2012(2):5.

[24] 张俊艳 . 理工科高校创业教育生态系统构建研究 1[C]//Selected Papers from International Conference on Education & Education Management.2012.

[25] Arthurs J,Brush C,Bruton G,et al.Authors' and Typists' Guidelines for the 2014 Babson College Entrepreneurship Research Conference (BCERC) Co-sponsored by Ivey[J].Business School,2014.

[26] 陈少雄 . 大学创业教育生态系统培育策略研究 : 基于广东省高校的调查分析 [J]. 教育发展研究 ,2014(11):6.

[27] 郑涵 . 高校创业教育生态系统的构建研究 : 以创业典型案例为视角 [J]. 人才资源开发 ,2016(2):1.

[28] 陈静 , 王占仁 ." 内合外联 " 式高校创业教育生态系统构建研究 [J]. 学校党建与思想教育 ,2017(4):4.

[29] 黄兆信 , 王志强 . 高校创业教育生态系统构建路径研究 [J]. 教育研究 ,2017,38(4):6.

[30] 林红珍 , 马嘉敏 . 大学生创业教育 " 三位一体 " 生态系统构建 [J]. 科技创业月刊 ,2018(2):95-98.

[31] 董晓光 , 李成龙 . 美国高校创业教育生态系统建设的经验与启示 [J]. 思想理论教育 ,2018(2):4.

[32] 徐小洲 , 倪好 . 面向 2050: 创新创业教育生态系统建设的愿景与策略 [J]. 中国高教研究 ,2018(1):5.

[33] 杨晓慧 . 高校创业教育生态系统建设的国际比较和中国特色 [J]. 中国高教研究 ,2018(1):5.

[34] 乔臣 . 高校创业教育教学生态系统的层级管理与互动机制研究 [J]. 科教文汇 ,2018(12):3.

[35] 蓝朝阳 . 高校创新创业生态教育体系构建研究 [J]. 吉林农业科技学院学报 ,2020,29(5):4.

[36] 许涛 , 严骊 . 国际高等教育领域创新创业教育的生态系统模型和要素研究 : 以美国麻省理工学院为例 [J]. 远程教育杂志 ,2017,35(4):15.

[37] 郑少芳 . 创新驱动背景下高校创新创业教育生态系统的构建研究 [J]. 湖北成人教育学院学报 ,2020(6):6-9.

[38] 黄保霖 . 高校创新创业教育生态系统支撑体系构建探析 [J]. 吉林农业科技学院学报 ,2021(1):52-54.

[39] 刘珍 . 高校创业孵化基地管理与运营研究 [J]. 成才 ,2021(12):5-6.

[40] 马永霞 , 孟尚尚 . 高质量发展背景下创新创业教育质量提升路径研究 : 基于 50 所高校的模糊集定性比较分析 [J]. 高教探索 ,2022(2):13-21.

[41] 李兴光 . 创新创业教育对大学生创业意向的影响机制与路径研究 [D]. 对外经济贸易大学 .2020,05.

[42] Fuente J D L , Vera M M , Cardelle-Elawar M .Contributions to Education from the Psychology of Innovation and Entrepreneurship, in Today's Knowledge Society[J].*Electronic Journal of Research in Educational Psychology*, 2012(3):941-966.

[43] Cruz N M , Rodriguez Escudero A I , Hernangomez Barahona J ,et al.The effect of

entrepreneurship education programmes on satisfaction with innovation behaviour and performance[J].Journal of European Industrial Training, 2009(3):198-214.

[44] O'Brien E , Cooney T M , Blenker P .Expanding university entrepreneurial ecosystems to under-represented communities[J].*Journal of Entrepreneurship and Public Policy*, 2019, 8.

[45] Hgg G,Kurczewska A.Towards a Learning Philosophy Based on Experience in Entrepreneurship Education[J].*Entrepreneurship Education and Pedagogy*,2020,3(2):129-153.

[46] Hoang G.,Le T.T.T.,Tran A.K.T.,et al.Entrepreneurship education and entrepreneurial intentions of university students in Vietnam: the mediating roles of self-efficacy and learning orientation[J]. *Education + Training*,2020(1):115-133.

[47] 高晓杰 , 曹胜利 . 创新创业教育 : 培养新时代事业的开拓者 : 中国高等教育学会创新创业教育研讨会综述 [J]. 中国高教研究 ,2007.

[48] 曹胜利 , 雷家骕 . 中国大学创新创业教育发展报告 [M]. 沈阳 : 万卷出版公司 ,2009.

[49] 杨幽红 . 创新创业教育理论范式与实践研究 [J]. 中国高校科技 ,2011(6):2.

[50] 张昊民 , 马君 . 高校创业教育研究 : 全球视角与本土实践 [M]. 北京 : 中国人民大学出版社 ,2012.

[51] 张冰 , 白华 ." 高校创新创业教育 " 概念之辨 [J]. 高教探索 ,2014(3):5.

[52] 曹扬 . 转变经济发展方式背景下高校创新创业教育问题研究 [D]. 吉林 : 东北师范大学 ,2014.

[53] 相雷 . 关于推进高校创新创业教育的思考 [J]. 思想理论教育 ,2014(8):4.

[54] 周志成 , 周华丽 . 地方本科院校创业教育理念探析 [J]. 中国高等教育 ,2015(20):3.

[55] 张育广 , 刁衍斌 . 高校体验式创新创业教育模式的探索 [J]. 中国高等教育 ,2017(6):3.

[56] 潘懋元 , 朱乐平 . 以创新文化养人 以创业实践育才 [J]. 中国高等教育 ,2017(8):3.

[57] 王洪才 . 论创新创业教育的多重意蕴 [J]. 江苏高教 ,2018(3):5.

[58] 王珍珍 , 黎青青 , 鲍星华 . 创新创业生态系统下政府 , 高校 , 企业 , 社会的责任担当与协同发展 : 基于美 , 德 , 日三国的比较研究 [J]. 中国科技论坛 ,2019 (9):7.

[59] Katz J A.The chronology and intellectual trajectory of American entrepreneurship education[J].*Journal of Business Venturing*,2003(2):283-300.

[60] 黄厚南 . 组织转型视野中地方高校创业教育困局与对策研究 [D]. 武汉 : 华中科技大学 ,2020.

[61] 张雷 . 地方本科高校开展大学生创新创业教育的思考 [J]. 教育与职业 ,2014 (9):2.

[62] 贺坤 , 赵扬 , 张志国 , 等 . 风景园林专业创新创业实践教学平台构架 [J]. 实验室研究与探索 ,2014,33(9):5.

[63] 温雅 . 我国高校创业教育的现状、问题及完善 : 基于 25 所高校《2014 年毕业生就业质量报告》的分析 [J]. 江西社会科学 ,2015(3):5.

[64] 薛倩 , 武永花 . 基于产业结构调整的河北省大学生创业分析 [J]. 中国成人教育 ,2016(18):3.

[65] 陈诗慧 , 张连绪 . 新常态下高职创新创业教育的现实困囿与推进路径 [J]. 职教论坛 ,2017(4):7.

[66] 郭燕锋 . 大学生创业教育存在的问题与对策 [J]. 教育与职业 ,2018(10):4.

[67] 刘树春 . 基于第二课堂建设推动创新创业教育有效开展 [J]. 江苏高教 ,2015 (3):3.

[68] 吴学松 . 应用型本科院校创新创业教育现状 , 问题与对策 [J]. 教育与职业 ,2020 (5):6.

[69] 张青敏 , 黄晓颖 , 吕宏岩 . 高校创新创业教育课程体系建设与实践探索 [J]. 创新创业理论研究与实践 ,2020(5):4.

[70] 蒋君 , 张志强 , 肖志坚 . 高等学校创新创业教育工作开展的策略研究 [J]. 高教学刊 ,2021(9):4.

[71] 郭占元 . 基于成果导向下的创业教育评价体系的研究 [J]. 中国大学生就

业,2021(6):6.

[72] Güven S.New primary education course programmes and entrepreneurship[J]. *Procedia-Social and Behavioral Sciences*,2009(1):265-270.

[73] Mohamed,A,Albaili.Differences Among Low-, Average- and High-achieving College Students on Learning and Study Strategies[J].*Educational Psychology*,1997.

[74] 张洋磊,苏永建.创新创业教育何以成为国家行动:基于多源流理论的政策议程研究[J].教育发展研究,2016(5):7.

[75] Timmons Jeffry A,Rob,et al.New venture creation:entrepreneurship for the 21st century[J].*Andi*, 2010.

[76] Antal N,Kingma B,Moore D,et al.University-Wide Entrepreneurship Education[J]. *Advances in the Study of Entrepreneurship, Innovation and Economic Growth*, 2017, 24:227-254.

[77] Schmitz A,Urbano D,Dandolini G A,et al.Innovation and entrepreneurship in the academic setting: a systematic literature review[J]. *International Entrepreneurship & Management Journal*, 2016(2):1-27.

[78] 黄林楠,丁莉.构建大学生创新创业教育模式的探索[J].高等工程教育研究,2010(6):3.

[79] 李政,唐绍祥.地方综合性院校创业教育模式的研究和实践[J].中国高教研究,2011(4):3.

[80] 王占仁."广谱式"创新创业教育体系建设论析[J].教育发展研究,2012(3):5.

[81] 王长恒.高校创新创业教育生态培育体系构建研究[J].继续教育研究,2012(2):3.

[82] 李伟铭,黎春燕,杜晓华.我国高校创业教育十年:演进,问题与体系建设[J].教育研究,2013(6):10.

[83] 黄兆信,王志强.论高校创业教育与专业教育的融合[J].教育研究,2013(12):9.

[84] 李浩然.探索大学生创新创业教育新路径:以燕山大学大学生创新创业教育实践为例[J].人民论坛(中旬刊),2013(10):2.

[85] 胡超 , 茳庆辉 . 高校创业教育组织新模式的构建设想 : 基于中美高校创业教育组织的比较 [J]. 高校教育管理 ,2016(1):80-85.

[86] 田蕾 . 试论大学生创新创业教育模式 [J]. 求知导刊 ,2016(4):15-16.

[87] 陈爱雪 ." 互联网 +" 背景下大学生创新创业教育的新模式探究 [J]. 黑龙江高教研究 ,2017(4):3.

[88] 王玉蕾 . 地方本科高校创业教育的模式、问题及改进策略 [J]. 现代教育管理 ,2018(2):5.

[89] 乐乐 , 雷世平 . 高职院校创新创业教育模式研究 [J]. 职教论坛 ,2019(9):6.

[90] 洪智鑫 . 福建省应用型本科高校创新创业教育管理优化研究 [D]. 泉州 : 华侨大学 ,2021.

[91] 胡海洋 . 高校创新创业教育管理组织机构类型的效能比较研究 : 以上海高校为例 [J]. 东华大学学报 : 社会科学版 ,2016(2):7.

[92] 王万山 , 汤明 . 国内外高校创新创业教育模式比较研究 [J]. 九江学院学报 (社会科学版),2012(2):3.

[93] 应永胜 . 美国高校创新创业教育模式解析及借鉴 [J]. 嘉应学院学报 ,2015(12):6.

[94] 饶锦 . 国外高校创新创业教育模式及对我国的启示 [J]. 报刊荟萃 ,2018.

[95] Mars M .The Meaning and Relevancy of Innovation and Entrepreneurship: An Exploration of Agriculture Teacher Preparation and Perspectives[J]. *Journal of Agricultural Education*, 2016(3):55-69.

[96] 李旭辉 , 胡笑梅 , 汪鑫 . 高校创新创业教育效果评价体系研究 : 基于群组 G1 法的分析 [J]. 教育发展研究 ,2016(21):8.

[97] 段丽华 . 高校创新创业教育生态系统构建策略 [J]. 梧州学院学报 ,2017,27(2):5.

[98] 贺庆玲 , 刘斌 . 新时代高校创新创业管理创新探究 [J]. 创新创业理论研究与实践 ,2019(11):3.

[99] 王志强 , 龙泽海 . 基于组织支持机制的我国高校创新创业教师能力结构研究 : 基于 1231 所高校的实证调查 [J]. 华东师范大学学报 (教育科学版),2020,38 (12):11.

[100] 郭丽莹 . 高校创新创业教师胜任力指标体系的实证分析 : 基于全国 12596 名

教师样本 [J]. 南京师范大学学报 (社会科学版),2020(3):10.

[101] 宋晓丹 . 高校创新创业教育资源配置效率评价研究 : 以江西省为例 [J]. 湖北成人教育学院学报 ,2022(6):10-15.

[102] 赵明明 . 应用型本科院校创新创业教育资源开发研究 [D]. 沈阳 : 沈阳师范大学 ,2022.

[103] Fayolle A , Degeorge J M .Attitudes, intentions, and behaviour: New approaches to evaluating entrepreneurship education[J].*Chapters*, 2006.

[104] 曹胜利 . 创新创业教育呼唤模拟教学与体验式课程 [J]. 实验技术与管理 ,2009,26(8):4.

[105] 黄兆信 , 郭丽莹 . 高校创业教育课程体系构建的核心问题 [J]. 教育发展研究 ,2012(19):4.

[106] 李长熙 , 张伟伟 , 李建楠 . 工科院校大学生创新创业教育平台构建与实践 [J]. 黑龙江高教研究 ,2014(4):3.

[107] 朱益新 , 颛孙丰勤 . 高职院校创新创业教育课程体系构建研究 [J]. 创新与创业教育 ,2016,7(5):6.

[108] 李德丽 , 刘俊涛 , 于兴业 . 融入与嵌入 : 创新创业课程体系建设与模式转型 [J]. 高教探索 ,2019(3):6.

[109] 伊剑 . 大数据视域下大学生创新创业教育质量的提升 [J]. 现代教育技术 ,2019,29(5):6.

[110] 孟晓媛 , 刘继东 . 探索中医院校大学生创新创业训练体系实践研究 [J]. 学理论 ,2019(12):2.

[111] 张芳 . 地方应用型本科高校创新创业课程体系的构建 -- 基于扶持大学生自主创业视阈下的研究 [J]. 湖北开放职业学院学报 ,2019,32(14):3.

[112] 吴学松 . 应用型本科院校创新创业教育现状、问题与对策 [J]. 教育与职业 ,2020(5):6.

[113] 李辉 , 杨思佩 . "一带一路"倡议下高校创新创业课程建设的逻辑遵循,实践困境与行动路向 [J]. 现代教育管理 ,2022(11):10.

[114] 申双花 . 地方性高校创新创业教育课程体系建设的现实矛盾与提升路径 [J].

教育与职业 ,2022(4):79-83.

[115] 张维 , 程海艳 , 梁婷 , 等 . 创新创业课程混合式教学模式的实践与探索 : 以甘肃中医药大学为例 [J]. 甘肃教育研究 ,2023(12):62-65.

[116] 计华 . 基于 OBE 理念的财经类高校创新创业教学模式变革 [J]. 江苏高教 ,2023(12):91-93+130.

[117] 李海东 . 融合与创新 : 高校创新创业课程体系构建研究 [J]. 中国大学教学 ,2023(3):42-51.

[118] 宋之帅 , 徐美波 , 乔宁 . 高校创业教育质量评价体系及实证研究 [J]. 合肥工业大学学报 (社会科学版),2012,26(5):6.

[119] 秦敬民 . 基于 QFD 的高校创业教育质量评价研究 [D]. 天津 : 天津大学 ,2010.

[120] 李玥 , 王宏起 . 基于 BSC 的高校创业教育质量评估指标体系设计 [J]. 科技与管理 ,2014,16(2):5.

[121] Michelle,R,Oswald,et al.Integrating Innovation and Entrepreneurship Principles into the Civil Engineering Curriculum[J].*Journal of Professional Issues in Engineering Education and Practice*,2015,141(3):04014014-1-04014014-8.

[122] Matlay H,Pittaway L,Edwards C.Assessment: examining practice in entrepreneurship education[J].*Social Science Electronic Publishing*, 2012, 54(8/9):778-800.

[123] 王秋梅 , 张晓莲 . 高职院校创新创业教育质量评价模型构建与实证分析 [J]. 职业技术教育 ,2016(20):53-57.

[124] 王生龙 . 高校创新创业实践教学研究 [D]. 北京 : 北京邮电大学 ,2018.

[125] 黄兆信 , 黄扬杰 . 创新创业教育质量评价探新 : 来自全国 1231 所高等学校的实证研究 [J]. 教育研究 ,2019,40(7):11.

[126] 何毓颖 ." 新商科 " 背景下的中职创新创业实践教学研究 [J]. 中国教育学刊 ,2021(S2):47-50.

[127] 许爱华 , 吴庆春 . 基于精准化创业教育实践平台的高校协同育人机制研究 [J]. 江苏高教 ,2020(11):4.

[128] 滕智源 . 高校 " 两融四合 " 创新创业实践课程体系建设 [J]. 社会科学家 ,2021

(2):143-147.

[129] 章力 . 对创新创业实践课程体系的思考 [J]. 中学政治教学参考 ,2022(23):100.

[130] 代君 ,张丽芬.大学生创业孵化基地的建设模式 [J].江西社会科学 ,2014(11):5.

[131] 兰华 ,杨宏楼.高校大学生创业园建设现状与对策 [J].教育与职业 ,2016(10):3.

[132] 王占仁 ,刘海滨 ,李中原 . 众创空间在高校创新创业教育中的作用研究 :基于全国 6 个城市 25 个众创空间的实地走访调查 [J]. 思想理论教育 ,2016(2):7.

[133] 初汉芳 ,张可 ,孟佳 . 基于协同创新的高校众创空间的建设与探索 [J]. 实验技术与管理 ,2017,34(2):4.

[134] 冯浩 . 沈阳高校大学生创新创业管理制度构建 :以沈阳大学为例 [J]. 沈阳建筑大学学报 (社会科学版),2017,19(1):6.

[135] 黄嘉伟 . 基于创业生态系统的众创空间孵化能力评价体系研究 [D]. 兰州 : 兰州理工大学 ,2018.

[136] 李振 . 韦伯政治社会学理论视野下的高校学生创业管理研究 [J]. 黑龙江高教研究 ,2019,37(11):4.

[137] 王海花 ,熊丽君 ,谢萍萍 . 创业生态系统视角下众创空间运行模式研究 :基于国家备案的上海众创空间 [J]. 科技管理研究 ,2020,40(2):10.

[138] 仝月荣 ,陈江平 ,姜艳霞 . 以交叉创新实践教育平台为依托的双创教育体系构建 [J]. 实验室研究与探索 ,2021,40(11):6.

[139] 贾双林 ,戚继忠 ,孙丽霞 ,等 . 地方高校创新实践平台的建设与实践 [J]. 实验室研究与探索 ,2021,40(7):4.

[140] 汤钰文 ,张亮 . 新时代高校创新创业平台建设再探 [J]. 学校党建与思想教育 ,2022(10):3.

[141] 刘振海 ,祖强 ,董云芝 ,等 . 省域创新创业教育信息化管理平台实践探索 [J]. 实验技术与管理 ,2022,39(12):238-242.

[142] 方世建 ,桂玲 . 创业、创业政策和经济增长 :影响途径和政策启示 [J]. 科学学与科学技术管理 ,2009(8):5.

[143] 郭德侠 ,楚江亭 . 我国大学生创业政策评析 [J]. 教育发展研究 ,2013(7):5.

[144] 彭友花 ,陆万春 ,王锋 . 地方性本科高校创新创业教育质量评价体系的构建

与实践 [J]. 萍乡学院学报 ,2019(5):105-109.

[145] 李红红 . 大学生自主创业中政府扶持政策的问题与对策研究 [D]. 西安 : 陕西师范大学 ,2018.

[146] 郭薇 . 河南省大学生创新创业政策实施效果分析 : 基于河南省 20 所高校的调查 [D]. 郑州 : 郑州大学 ,2019.

[147] 马俊 , 钱俊 . 我国地方政府大学生创业扶持政策的梳理及其优化路径 [J]. 教育与职业 ,2019(17):4.

[148] Gianiodis P T , Meek W R , Chen W .Political climate and academic entrepreneurship: The case of strange bedfellows?[J]. *Journal of Business Venturing Insights*, 2019,12:e00135.

[149] Kantis H D,Federico J S,García, Sabrina Ibarra.Entrepreneurship policy and systemic conditions: Evidence-based implications and recommendations for emerging countries[J]. *Socio-Economic Planning Sciences*, 2020,72.

[150] 包云娜 , 严维青 . 青海创新创业政策环境的 PEST-SWOT 分析 [J]. 攀登 (哲学社会科学版),2020(1):6.

[151] 康晓玲 , 李朝阳 , 刘京 , 等 . 高校创新创业教育政策扩散的影响因素研究 : 以中国"双一流"A 类高校为例 [J]. 软科学 ,2021(10):37-43.

[152] 何庆江 , 雷祺 , 吴学兰 . 基于政策梳理的高校创新创业教育问题研究 [J]. 黑龙江高教研究 ,2022(3):6.

[153] 陈武林 . 创新创业教育政策执行的制约因素及路径调适 -- 基于政策执行过程模型的解释 [J]. 国内高等教育教学研究动态 ,2023(5):1.

[154] 广西壮族自治区教育厅 . 广西高等教育振兴发展"十四五"规划 [EB/OL]. (2022-01-05)[2023-12-15].http://jyt.gxzf.gov.cn/zfxxgk/fdzdgknr/ghjh/cqgh/t11096561.shtml.

[155] 张金兴 . 高校创业教育生态系统的构建研究 : 以创业典型案例为视角 [J]. 常州大学学报 (社会科学版),2015(1):4.

[156] 刘艳 , 林相友 , 逯家辉 , 等 . 改革实践教学推进创新创业教育 [J]. 中国大学教学 ,2016(7):3.

[157] 薛永斌,王航,路杨.优化 MBA 创业教育生态系统的实践与思考 [J].新经济导刊,2016(5):4.

[158] 刘宇,吴小钗.江苏大学生创新创业教育绩效的影响因素研究 [J].黑龙江高教研究,2017(1):121-125.

[159] 裴要男,王承武,周洁.项目驱动下大学生创新创业教育影响因素研究:基于 MOA 模型的实证分析 [J].高教探索,2019(7):9.

[160] 魏国江.大学生创业资本及其对创业意愿的影响:基于心理资本的中介效应模型分析 [J].教育研究,2020(1):14.

[161] 葛莉.基于 CIPP 的高校创业教育能力评价与提升策略研究 [D].大连:大连理工大学,2014.

[162] 吕阳,高校创业教育质量评价与策略研究 [D].武汉:长江大学,2017.

[163] 成希.研究型大学创新创业教育生态系统构建研究 [D].长沙:湖南师范大学,2018.

[164] 郭如,蓝欣.高职院校创新创业教育评价体系研究 [J].厦门城市职业学院学报,2018(2):7.

[165] 胡正明.高职院校创新创业教育评价指标体系构建研究 [J].中国职业技术教育,2018(8):6.

[166] 祝成林,和震.基于"过程-结果"的高职院校创新创业教育质量评价研究 [J].南京师范大学学报(社会科学版),2020(3):10.

[167] 李楠.贵州省本科院校创新创业教育质量评价研究 [D].贵阳:贵州财经大学,2019.

[168] 姚倩.师范类高校创业教育效果评价体系研究 [D].昆明:云南师范大学,2019.

[169] 陈芳.CIPP 综合绩效评价模型的应用:以高校创新创业教育为例 [J].科技风,2022(25):148-150.

[170] 张保花,张三宝.基于 FAHP 的应用型高校创新创业教育教学质量评价指标体系构建 [J].铜陵学院学报,2023(2):113-116.

[171] 王永萍,卢婷.基于 DEMATEL 方法的高校创新创业教育评价研究 [J].创新创业理论研究与实践,2023(1):139-142.

[172] 范国睿 . 教育生态学 [M]. 北京 : 人民教育出版社 ,2000.

[173] 吴鼎福 . 教育生态学 [M]. 南京 : 江苏教育出版社 ,1998.

[174] 埃茨科维兹 . 三螺旋 : 大学—产业—政府三元一体的创新战略 [M]. 周春彦译 . 北京 : 东方出版社 ,2014.

[175] 杰弗里·蒂蒙斯 . 战略与商业机会 [M]. 周伟民译 . 北京 : 华夏出版社 ,2002.

[176] 杰弗里·蒂蒙斯 , 小斯蒂芬·斯皮内利 . 创业学 [M]. 周伟民译 . 北京 : 人民邮电出版社 ,2009.

[177] 李佳丽 . 百森商学院创业教育 ET & A 理念和课程生态体系构建对我国的启示 [J]. 高教探索 ,2019(6):54-60.

[178] 何郁冰 , 丁佳敏 . 创业型大学如何构建创新创业教育生态系统 [J]. 科学学研究 ,2015(7):1043-1051.

[179] 张昊民 , 马君 . 高校创业教育研究 : 全球视角与本土实践 [M]. 北京 : 中国人民大学出版社 ,2012.

[180] 严毛新 . 政府推动型创业教育 : 中国大学生创业教育的历程及成因 [J]. 中国高教研究 ,2011(3):45-48.

[181] 卓大正 , 张宏建 . 生态系统 [M]. 广州 : 广东高等教育出版社 ,1991.

[182] 柴旭东 . 论高校创业教育教师队伍建设 [J]. 大学 (学术版),2010(4):33-41.

[183] 李志永 . 日本高校创业教育 [M]. 杭州 : 浙江教育出版社 ,2010.

[184] 梅伟惠 . 美国高校创业教育 [M]. 杭州 : 浙江教育出版社 ,2010.

[185] 李文英 , 王景坤 . 澳大利亚高校创业教育模式探析 [J]. 比较教育研究 ,2010(10):76-80.

[186] 王占仁 . "广谱式"创新创业教育导论 [M]. 北京 : 人民出版社 ,2012.

[187] 王占仁 . 中国创新创业教育史 [M]. 北京 : 社会科学文献出版社 ,2016.

[188] 徐国庆 . 职业教育项目课程开发指南 [M]. 上海 : 华东师范大学出版社 ,2009.

[189] 牛长松 . 英国高校创业教育研究 [M]. 上海 : 学林出版社 ,2009.

[190] 李志永 . 日本高校创业教育 [M]. 杭州 : 浙江教育出版社 ,2010.

[191] 中华人民共和国教育部高等教育司组 . 世界主要国家创业教育情况 [M]. 北京 : 高等教育出版社 ,2012.

[192] 王占仁."经由就业走向创业"教育体系建设研究 [J]. 东北师大学报 (哲学社会科学版),2013(5):166-171.

[193] 亨利·埃兹科维茨著.麻省理工学院与创业科学的兴起 [M]. 王孙禺 , 袁本涛 , 等译 . 北京 : 清华大学出版社 ,2007.

[194] 黄鲁成.基于生态学的技术创新行为研究 [M]. 北京 : 科学出版社 ,2007.

[195] 邹蕾.英国大学生可雇佣性培养研究及其启示 : 以谢菲尔德哈勒姆大学为例 [J]. 浙江教育学院学报 ,2011(1):31-37.

[196] 教育部关于大力推进高等学校创新创业教育和大学生自主创业工作的意见 [EB/OL].(2010-05-04)[2023-08-05].http://www.moe.gov.cn/srcsite/A08/s5672/201005/t20100513_120174.html.

[197] 中华人民共和国国民经济和社会发展第十四个五年规划和 2035 年远景目标纲要 [EB/OL].(2021-03-13)[2023-08-05].http://www.gov.cn/xinwen/2021-03/13/content_5592681.htm.

[198] 徐则中 , 王利君.地方院校创新创业教育现状与对策 [J]. 创新创业理论研究与实践 ,2022(9):70-72.

[199] 教育部 国家发展改革委 财政部关于引导部分地方普通本科高校向应用型转变的指导意见 [EB/OL].(2015-11-16)[2023-08-05].http://www.gov.cn/xinwen/2015-11/16/content_5013165.htm.

[200] 易超英.高校创新创业教育观念变革的整体构想探析 [J]. 文化创新比较研究 ,2021(19):32-35.

[201] 交叉培养 协同育人 三创融合 打造新时代创新创业教育升级版 : 东北大学创新创业典型经验 [J]. 中国大学生就业 ,2019(9):26-29.

[202] 莫欣 , 孙晓枫 , 谢寅波.我国高校创业教育课程体系研究 : 结合东北大学分析 [J]. 教育教学论坛 ,2018(32):28-31.

[203] 谭明雄 , 覃其品 , 黄国保 , 等."三圈层"协同育人 : 地方高校应用化学专业双创人才培养实践 [J]. 大学化学 , 2021(11):5.

[204] 文平 , 周浩宇.创新创业教育与旅游专业教育的融合发展研究 [J]. 创新创业理论研究与实践 ,2022(7):175-177.

[205] 沈云慈.地方高校创新创业教育支持体系的构建:基于产学研协同全链条融通视角 [J]. 中国高校技 ,2020(12):72-76.

[206] 陶骏骏,刘龙飞,李金星,等."互联网 + 专业课程" 建设与创新创业教育融合浅析:以《职业卫生与环境安全》课程为例 [J]. 广东化工 , 2020(15):2.

[207] 卜晓梅.依托现代产业学院推进创新创业旅游人才培养:逻辑、路径与案例 [J]. 中国集体经济 ,2023(16):165-168.

[208] 蒋欣.大学生创新创业之高校服务体系优化研究 [D]. 徐州:中国矿业大学 , 2021.

[209] 赵雪萍.高职院校创新创业教育与专业教育融合的策略研究 [D]. 桂林:广西师范大学 ,2023.

[210] 杜函芮.高校创新创业教育生态系统构建 [J]. 教育学术月刊 ,2023(2):43-52.

[211] 刘珍.地方本科高校创新创业教育生态系统构建 [D]. 衡阳:南华大学 ,2021.

[212] 黄兆信.复杂系统视角下高等学校创业教育与专业教育融合 [J]. 国内高等教育教学研究动态 ,2022(21):1.

[213] 孙世强.民办高校大学生创新创业实践平台建设研究 [D]. 兰州:西北师范大学 ,2021.

[214] 李厚锐,于晓宇.创新创业教育生态系统协同发展策略研究:组织变革的视角 [J]. 教育发展研究 ,2023(7):78-84.

附录 A　广西高校创新创业教育发展现状调查问卷

尊敬的先生 / 女士：

您好！本次问卷旨在了解广西高校创新创业教育发展现状。感谢您在百忙之中抽出宝贵时间填写此次问卷，问卷数据的真实性和完整性对本研究的结果至关重要，除基本信息部分外，本问卷采用 5 级评分制：5 分代表"完全同意"，4 分代表"同意"，3 分代表"一般"，2 分代表"不同意"，1 分代表"完全不同意"。调查问卷为匿名形式进行，选项无对错之分，您的回答对本项研究的目的至关重要，本问卷收集的数据仅用于学术研究目的，不会泄露您的任何个人信息。

一、基本信息

请根据您的实际情况选择最符合的一项。

1. 您的性别是：

男

女

2. 您的年龄是：

30 岁及以下

31~39 岁

40~49 岁

50~59 岁

3. 您的学历是：

本科

硕士

博士

4. 您的职称是：

初级职称及以下

中级职称

副高级职称

正高级职称

5. 您的工作年限：

1~5 年

6~10 年

11~15 年

15 年以上

6. 您的工作单位是：

广西大学

广西财经学院

广西师范大学

桂林电子科技大学

贺州学院

梧州学院

北部湾大学

玉林师范学院

百色学院

河池学院

二、广西高校创新创业教育发展现状

（一）

1. 管理者聘任数量足够的教师以满足创新创业教育需要：

完全同意

同意

一般同意

不同意

完全不同意

2. 管理者聘任能力素质高的教师满足创新创业教育需要：

完全同意

同意

一般同意

不同意

完全不同意

3. 管理者聘任校外优秀企业家、校外专家和创业典范担任创新创业教师：

完全同意

同意

一般同意

不同意

完全不同意

4. 管理者聘任具有一定的企业实践或创业经历的校内教师担任创新创业教师：

完全同意

同意

一般同意

不同意

完全不同意

5. 管理者对教师有明确的选拔和聘用标准：

完全同意

同意

一般同意

不同意

完全不同意

6. 管理者建设创新创业教育专职教师队伍：

完全同意

同意

一般同意

不同意

完全不同意

7. 管理者建设创新创业导师库，并制定相应管理规范：

完全同意

同意

一般同意

不同意

完全不同意

8. 管理者开展创新创业教育相关培训，推动教师把国际前沿学术、最新研究成果和实践经验融入课堂教学：

完全同意

同意

一般同意

不同意

完全不同意

9. 管理者邀请专家、学者、优秀企业人士以及成功的创业者开展的创新创业教育培训讲座：

完全同意

同意

一般同意

不同意

完全不同意

10.管理者每年组织教师到企业进行培训，及时了解行业新动态，学习各类行业新知识：

完全同意

同意

一般同意

不同意

完全不同意

11.管理者制定科学有效的评价考核：

完全同意

同意

一般同意

不同意

完全不同意

12.管理者成立专门的监督部门，以保证创新创业教育过程的不断完善：

完全同意

同意

一般同意

不同意

完全不同意

（二）

1.管理者将创新创业教育融入了人才培养全过程：

完全同意

同意

一般同意

不同意

完全不同意

2.管理者开设丰富的必修与选修等有机融合的创新创业教育课程：

完全同意

同意

一般同意

不同意

完全不同意

3. 管理者开设丰富的理论与实践等有机融合的创新创业教育课程：

完全同意

同意

一般同意

不同意

完全不同意

4. 管理者将创新创业教育融入相关专业，打造"思创融合""专创融合"特色课程：

完全同意

同意

一般同意

不同意

完全不同意

5. 管理者建设创新创业教育慕课、视频公开课等在线开放课程：

完全同意

同意

一般同意

不同意

完全不同意

6. 管理者提供的创新创业课程教材质量高，具有丰富性、启发性和多元性：

完全同意

同意

一般同意

不同意

完全不同意

7. 管理者建立创新创业教育案例库：

完全同意

同意

一般同意

不同意

完全不同意

8. 管理者组织开展创新创业课程教改研讨活动：

完全同意

同意

一般同意

不同意

完全不同意

9. 管理者制定合理、公平的课程考核方式：

完全同意

同意

一般同意

不同意

完全不同意

10. 管理者注重在课堂教学中提高学生的参与程度：

完全同意

同意

一般同意

不同意

完全不同意

11. 管理者注重应用有效教学方法，如谈话法、研讨法、情景陶冶法、案例教学法等：

完全同意

同意

一般同意

不同意

完全不同意

12.管理者注重创造"综合的、体验式的学习环境":

完全同意

同意

一般同意

不同意

完全不同意

（三）

1.管理者组织开展创新创业的社会实践活动:

完全同意

同意

一般同意

不同意

完全不同意

2.管理者组织举办或引导学生积极参加各类大学生创新创业大赛:

完全同意

同意

一般同意

不同意

完全不同意

3.管理者组织开展创新创业训练计划项目:

完全同意

同意

一般同意

不同意

完全不同意

4. 管理者举办创新创业讲座、报告会、论坛、文化节等活动：

完全同意

同意

一般同意

不同意

完全不同意

5. 管理者鼓励学生创办或加入创新创业社团，如创新创业协会、创业俱乐部：

完全同意

同意

一般同意

不同意

完全不同意

6. 管理者向师生开放校内科技创新资源：

完全同意

同意

一般同意

不同意

完全不同意

7. 管理者鼓励学生参与教师的科研创新课题：

完全同意

同意

一般同意

不同意

完全不同意

8. 管理者建设一批校外实践教育基地：

完全同意

同意

一般同意

不同意

完全不同意

9.管理者为师生提供与企业交流的机会：

完全同意

同意

一般同意

不同意

完全不同意

10.管理者为师生提供创业模拟实训：

完全同意

同意

一般同意

不同意

完全不同意

（四）

1.管理者建设有校内创新创业平台，如众创空间、创业孵化园等：

完全同意

同意

一般同意

不同意

完全不同意

2.管理者建设专业实验室、虚拟仿真实验室、创业实验室和训练中心，基本覆盖相关专业：

完全同意

同意

一般同意

不同意

完全不同意

3. 管理者建设有数量充足的校企合作的实训平台：

完全同意

同意

一般同意

不同意

完全不同意

4. 管理者为师生提供创业信息与咨询服务：

完全同意

同意

一般同意

不同意

完全不同意

5. 管理者为师生提供技术支持和专业指导：

完全同意

同意

一般同意

不同意

完全不同意

6. 管理者为学生初创企业提供经费支持：

完全同意

同意

一般同意

不同意

完全不同意

7. 管理者为学生初创企业提供场地：

完全同意

同意

一般同意

不同意

完全不同意

8. 管理者制定有效的创新创业平台运行机制：

完全同意

同意

一般同意

不同意

完全不同意

9. 管理者制定有入驻创新创业平台的选拔、退出机制：

完全同意

同意

一般同意

不同意

完全不同意

10. 管理者制定有入驻创新创业平台的考核管理机制：

完全同意

同意

一般同意

不同意

完全不同意

11. 管理者鼓励师生积极参与学校服务平台的管理：

完全同意

同意

一般同意

不同意

完全不同意

（五）

1.管理者建立创新创业教育工作机制，明确专人负责，定期研究相关工作：

完全同意

同意

一般同意

不同意

完全不同意

2.管理者建立创新创业教育激励机制，将指导学生参赛获奖作为教师工作量认定、职称晋升、考核评优等方面的重要依据：

完全同意

同意

一般同意

不同意

完全不同意

3.管理者允许教师创业，去企业挂职、兼职等：

完全同意

同意

一般同意

不同意

完全不同意

4.管理者宣传优秀教师的先进事迹：

完全同意

同意

一般同意

不同意

完全不同意

5.管理者出台弹性学制相关规定，允许学生休学创新创业：

完全同意

同意

一般同意

不同意

完全不同意

6. 管理者设立创新创业奖学金：

完全同意

同意

一般同意

不同意

完全不同意

7. 管理者设立专项资金，支持创新创业教育教学、大学生创新创业训练计划，资助学生创新创业，奖励创新创业大赛获奖项目：

完全同意

同意

一般同意

不同意

完全不同意

8. 管理者设立创新创业教育专项科研课题：

完全同意

同意

一般同意

不同意

完全不同意

9. 管理者将学生创新创业成果作为学生评先评优、提前毕业、免试升学等工作的重要依据并予以认定加分：

完全同意

同意

一般同意

不同意

完全不同意

10. 管理者形成一些具有本校特色的创新创业教育成果：

完全同意

同意

一般同意

不同意

完全不同意

附录 B　访谈提纲

广西高校创新创业教育现状和发展策略

本问卷分为两部分：

第一部分：个人信息

第二部分：广西高校创新创业教育现状和发展策略

_____

第一部分：个人信息

访谈日期：　　　　　　访谈时间：

受访者性别：　　　　　年龄：

教育背景：

工作单位：

第二部分：广西高校创新创业教育现状和发展策略

说明：请对以下问题给出你的意见。

1.广西高校创新创业教育中，全日制与非全日制相结合、结构合理的教学团队建设现状如何？如何推进创新创业教育教师队伍建设？

2.广西高校创新创业教育中，创新创业教育融入专业教育的现状如何？如何推进创新创业教育与专业教育的融合？

3.广西校企合作创新创业教育实践基地建设现状如何？如何推进广西创新创业教育校企合作实践基地建设？

4.广西高校创新创业教育中，创新创业管理机构的现状如何？如何完善创新创业管理机构建设？

5. 广西高校创新创业教育评价体系的现状如何？如何推进广西高校创新创业教育评价体系建设？

附录 C　广西高校创新创业教育发展策略评估表

非常感谢您在百忙之中参与本次研究的评估。请评价广西高校发展创新创业教育策略的适应性和可行性，用数字 5、4、3、2、1 分别代表超高、高、平均、低、特低。

策略	适用性					可行性				
	5	4	3	2	1	5	4	3	2	1
强化师资配置										
完善师资引进机制										
师资共享机制										
强化师资培训										
构建跨学科师资团队										
创新师资管理模式										
加强师资交流与合作										
加强产学研合作										
建立激励机制										
加强理论教学										
构建多元化课程体系										
强化课程融合创新										
完善实践教学体系										
实施跨学科教学模式										
深化校企合作										
构建创新创业评价体系										
完善课程运行机制										

策略	适用性					可行性				
	5	4	3	2	1	5	4	3	2	1
推进实践活动										
加强政策引导和资金支持										
加强实践指导和资源支持										
深化校企合作模式										
完善实践基地管理体制										
推动产学研一体化发展										
加强创新创业文化建设										
建立评价与反馈机制										
推进服务平台										
建立健全协调机制										
完善政策体系										
加强人才队伍建设										
强化科技创新支撑										
推进服务平台建设										
推动产学研深度融合										
完善激励政策										
明确评价目标										
制定多元化评价标准										
强化过程评价										
引入行业专家参与评价										
建立反馈机制										
完善激励机制										
定期评估与调整评价体系										